The Basics of Market Design

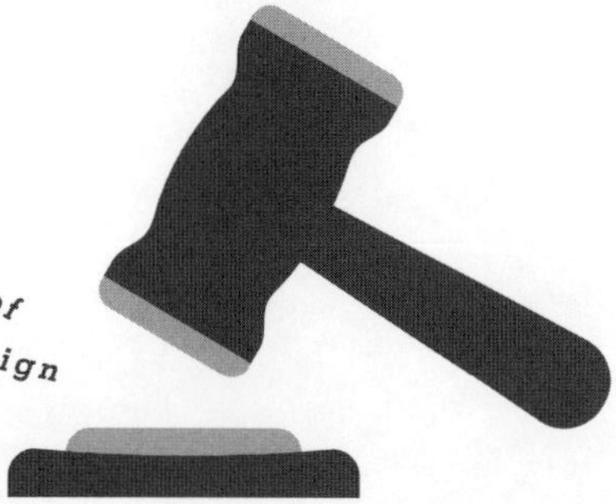

基礎から学ぶ
マーケット・デザイン

川越 敏司 著

目　次

＊ Web 付録

本書に掲載されていない補論や Python のプログラムのファイルは，以下の Web サイトからダウンロードすることができます。ぜひご利用ください。

http://www.yuhikaku.co.jp/books/detail/9784641165939

はじめに

―マッケット・デザインとは何か―

1 ノーベル経済学賞

2020年のノーベル経済学賞は，「オークション理論の改善と新しいオークション方式の発明」に貢献した2人の経済学者ポール・ミルグロムとロバート・ウィルソンに授与されました。

オークション自体は古代バビロニア時代から知られ，人類の歴史において広く用いられてきた取引メカニズムの1つですが，その経済学的な研究が本格的に始まったのは，1961年にウィリアム・ヴィッカレー[1)]が論文を発表してからのことです[2)]。ヴィッカレーは，このオークションに関する研究を通じて，経済主体の間で情報上の格差のある状況（情報の非対称性といいます）を分析するツールを開発したことで1996年にノーベル経済学賞を受賞しています。

ヴィッカレーがオークションの研究にもたらした功績は大きく分けて2つあります。第1に，**2位価格オークション**というオークション方式を再発見し，その性質を詳しく調べたことです。2位価格オークションとは，最も高い価格を付けた人が落札しますが，支払う価格は2番目だった価格にするというものです。

こうした2位価格オークションは，実はヴィッカレーが論文を書く前から利用されていた実例がありますので，ヴィッカレーをこの方式の発明者とすることはできませんが，この方式が持っている良い性質を見抜いたのは，間違いなくヴィッカレーの功績です。その性質とは，**耐戦略性**[3)]というものです。

オークションに参加する入札者は，通常はいくらまでならば支払うつもりが

1）William Vickrey の苗字の読み方は，ヴィックリー，ヴィックレーなどさまざまな日本語表記がありますが，コロンビア大学で実際に交流のあった柴田弘文先生によれば（私信），ヴィッカレーが最も近い発音であるということです。

2）Vickrey（1961）.

3）strategy-proofness の訳。戦略的操作不能性とも訳されます。

あるか，競り合う商品に対する評価を抱いているはずです。それで，実際に入札する価格は，一般にはこの評価よりも低くするものです。評価より高い価格で落札すれば，損をしてしまうからです。ところが，2位価格オークションのもとでは，他の入札者の選択に関係なく正直にその評価通りの価格を入札することが最適（支配戦略）であるということを証明できます。このように，ある方式のもとで，他の人の選択に関係なく自分の評価（経済学では選好といいます）を正直に表明することが支配戦略になっているとき，その方式は耐戦略性を満たしているといいます。

ヴィッカレーがオークション理論にもたらしたもう1つの貢献は，**収益同値定理**と呼ばれているものです。これまでもさまざまなオークション方式が提案され，使用されてきましたが，それらのオークション方式を売り手の立場から考えてみると，どのような方式が最も売り手に有利になるでしょうか。言い換えれば，売り手の収益が最大になるようなオークション方式はどのようなものでしょうか。

ヴィッカレーはこの問題に対し，非常に意外な結果に思えるのですが，基本的には[4]，どのオークションを用いても売り手の収益の期待値は変わらないという回答を導き出したのです。これが収益同値定理の内容になります。

2　周波数オークションからマーケット・デザインへ

こうしたヴィッカレーの先駆的研究を土台として，オークション理論はその後発展していったのですが，1990年代半ばに大きなチャレンジの年を迎えます。

アメリカで連邦通信委員会（FCC）がそれまで比較聴聞（ヒアリング）を通じて行っていた周波数帯の配分をオークションによって決めるようになったのです。

これまでの周波数の配分方法では，配分された周波数帯を本当に有効活用してくれる企業にうまく配分できていなかったうえ，携帯電話サービスの普及とともに価値が高まっているこの周波数という財に見合った価格付けがされていなかったことが問題にされました。

4）　収益同値定理が成り立つ条件については，第3章で詳しく説明しています。

そこで，周波数オークションではこれらの問題を解決するような方式が求められていたのです。しかし，周波数というのは，隣接するバンド幅を入手しないと利用価値が少ないなど，どのような組み合わせで周波数を配分するかがとても重要な問題でした。ところが，こうした組み合わせを考慮したオークション方式については，まだほとんど研究がなされていなかったのです。

そこで，FCC や関連する企業では，オークション理論に詳しい経済学者を雇用して，こうした組み合わせオークションを研究するように依頼しました。その中心人物がミルグロムやウィルソンなのでした。

さて，こうした経済学者の活躍で，周波数オークションは大成功を収めました。この例のように，既存の制度を分析し，より良い制度をデザインし提案するだけにとどまらず，そもそも，あらかじめ何も制度が存在しないところに新しく制度をデザインするということが，その後経済学において重要な問題になってきました。

こうした研究分野は，今日マーケット・デザインと呼ばれています。1995 年にミルグロムは自身でこのマーケット・デザインに関するコンサルティング会社 Market Design Inc. を設立しましたが，おそらくこれが，マーケット・デザインという用語が公式に生まれた瞬間なのだと思います[5)]。

その後，Google や Microsoft などのコンピュータ関連企業も，インターネット・オークションや広告オークションを研究するために，経済学者を雇用してマーケット・デザインの研究に当たらせ，自社のサービスにその成果を生かしています。日本でも最近，「経済学の社会実装」という名目で，Auction Lab（オークション・ラボ）や Economic Design Inc.（エコノミクスデザイン）といったマーケット・デザインの実践をコンサルティングする企業が経済学者らによって設立されています。

このように，周波数オークションの成功は，マーケット・デザインという研究にとって画期となる出来事なのでした。

3 マッチング理論の実践

ところで，ミルグロムとウィルソンがノーベル経済学賞を受賞する 8 年前，

5） 筆者とミルグロムとの電子メールのやり取りより。

2012年度のノーベル経済学賞が，ロイド・シャプレーおよびアルヴィン・ロスの両名に授与されています。その授賞理由は，「配分の安定性に関する理論とマーケット・デザインの実践」に関する貢献というものでした。これからわかるように，マーケット・デザインという研究分野は，少なくとも今から9年前には大きな注目を集めていたのです。

さて，この年のノーベル経済学賞受賞者の1人，シャプレーは，現在の経済学研究では不可欠な分析道具となっているゲーム理論の草創期から数々の重要な貢献をしてきた人物で，シャプレー値やシャプレー＝シュービック指数といったゲーム理論における重要概念にその名を残しています。

そのシャプレーが1962年にデビッド・ゲールとともに執筆したのが「大学入学と結婚の安定性」という論文[6]で，これがノーベル経済学賞授賞対象となった「配分の安定性」に関する研究です。ここで研究されているのは，どの大学にどの学生を入学させるのがよいかといった問題（**大学入学問題**といいます）や，（婚活パーティなどで）どの男性と女性をカップルにすべきかといった問題（**安定結婚問題**といいます）で，こうした問題を広くマッチングの問題といいます。こうしたマッチングの問題を考える際，とりわけ重要なのは，決定した組み合わせ（これを「マッチング」といいます）が**安定的**であるかどうかです。

例えば，男女のカップルについていえば，マッチングであなたの相手が決まった後，周りを見渡せば，違うカップルの中にもっとほかに気に入っていた相手がいたとします。また，その相手も，マッチングで決まった相手よりもあなたを好んでいたとします。すると，きっとあなたは，決まったマッチングを解消して，その人と「駆け落ち」することを選ぶでしょう。このような可能性があるマッチングは安定的ではないといいます。

ゲールとシャプレーは，大学入学問題や安定結婚問題において，こうした「駆け落ち」の心配のない安定的なマッチングが必ず存在することを証明したうえで，そうした安定的なマッチングを効率的に求めることのできるアルゴリズム（計算方法）を開発しました。これは，ゲール＝シャプレーのアルゴリズムとか，そのアルゴリズムの特徴から**受入保留方式**[7]と呼ばれています。

また，この受入保留方式のもとでは，プロポーズする側（例えば，安定結婚問

6）Gale and Shapley (1962).

7）deferred acceptance algorithm の訳。

題で男性から女性にプロポーズするなら，男性側）は，ほかの人の選択に関係なく正直に自分の希望する相手から順にプロポーズすることが支配戦略であるということを証明できます。つまり，真の選好を表明することが支配戦略になっているので，先ほどのオークション理論における2位価格オークションと同様に**耐戦略性**を満たした方式になっているのです。

こうしたマッチングの問題については，現実世界には数多くの応用例が見られます。そんななか，もう1人のノーベル経済学賞受賞者，ロスは，重要な応用例を発見します。それは，医学部を卒業した研修医が研修先の病院を決める問題です。これを**研修医マッチング**というのですが，この問題は大学入学問題と基本的に同じ問題です。ですので，先ほどの受入保留方式を用いれば，安定的なマッチングを導くことができます。

こうした研修医マッチングでは，従来は研修医と病院側が個別に交渉してマッチングを決めていましたが，やがて優秀な研修医の獲得に焦る病院側が「青田刈り」を始めるようになり，ついには医学部卒業の2年前から配属先が決定されるまでになってしまいました。

こうなると，卒業した後の時点で研修医が期待していたほどの知識・技術を身につけていなかったり，配属されるころには研修医自身の志望が変わっていたりと，研修医にとっても病院にとっても不幸な結果になることが多くなってきました。そこで，地域全体の病院と研修医の間のマッチングをいっせいに決めてしまう中央集権的な形に制度が変更されることになりました。

こうしたなか，ロスがアメリカとイギリスにおいて現実に採用されている研修医マッチングの方式を調べたところ，ある地域では偶然にも（知らず知らずに，試行錯誤の結果），受入保留方式を採用されていることを発見したのです。

もちろん，別の地域では他の方式を採用していました。そして，受入保留方式以外の方式は安定的なマッチングを生み出さないようなものばかりでした。そのため，そうした方式を採用していた地域では，やがてまた研修医と病院が個別交渉するような形に戻ってしまいました。

ロスはこのことから，研修医マッチングを成功させるには，安定的なマッチングを生み出すような方式を採用することが不可欠であると結論付けたのです。

その後，ロスはこうしたマッチングの問題を中心に，現実世界での問題解決に乗り出していきます。このようにして，シャプレーがゲールとともに生み出したマッチングの理論を，ロスは実際の制度選択・運営に生かす道を切り開いていったのです。こうして，ロスはマーケット・デザインを現実世界で実践する先駆者の１人となったのです。これがノーベル経済学賞での「マーケット・デザインの実践」に当たる業績となります。

日本でも最近，東京大学マーケットデザインセンターを中心にマッチング理論を応用したマーケット・デザインの実践が活発になってきています。日本でも十数年前から研修医マッチングに受入保留方式を導入していますが，研修医の希望先が首都圏に集中してしまうのを避けるための改善策が提案されているほか，社会問題にもなった保育所の**待機児童問題**や**コロナ・ワクチンの配布方式**の問題などについても，マッチング理論の観点から分析，政策提言がなされています。

4　市場メカニズムとマーケット・デザイン

このようなマーケット・デザイン研究において，市場メカニズムの理解は重要です。

経済学の歴史の上では，市場メカニズムに関する本格的な研究は，少なくともアダム・スミスの『国富論』にまでさかのぼることができます。よく知られているように，アダム・スミスはそこで市場メカニズムの働きを「(神の) 見えざる手」にたとえました。

パン屋も洋服屋も，それぞれ自分個人の利益だけを最大化するように**利己的**に行動しているにすぎないのに，それぞれが市場で売買交換を実施することにより，必要としている（需要している）人のところに必要なものが提供（供給）され，結果として**社会全体**の利益が増進されることになるからです。

ここで重要なことは，誰もパン屋や洋服屋にいつどれだけの数量の財をいくらで売るべきか，命令したり，勧告したりしてはいないということです。つまり，**中央集権的**に決定している人はいないということです。パン屋や洋服屋は，それぞれ独自の判断でいつどれだけの数量の財をいくらで売るべきかを個人的に決定しています。これを**分権的意思決定**といいます。

アダム・スミスが「見えざる手」という言葉で述べたことは，パン屋や洋服屋といった経済主体は分権的に個人の利益を求めて意思決定しているにすぎないのに，それぞれが市場メカニズムというルールを通じて取引すると，結果として社会全体の利益が最大化されてしまうということです。この結果は，のちに経済学では**厚生経済学の基本定理**という形で厳密に定式化されることになります。

世の中には個人の利益追求が必ずしも社会全体の利益と一致しないという問題がたくさんあります。例えば，チームやグループで何かの作業をしているとき，自分１人くらいサボってもほかのメンバーががんばってくれて，グループ全体の目標は達成されるとすれば，個人の利益追求を考えればサボった方が労力もかからず，そうした「ただ乗り」への誘惑が生じますが，ほかのみんなが同じことを考えていれば，結局誰も作業をしなくなるため，グループとしての成果は上がりません。

ここで，中央集権的にグループの活動を監督する人が各メンバーの活動をモニターし，適宜命令を出したりすれば，そうしたサボりを防げるかもしれません。しかし，監督者に比べてグループのメンバー数の方が多ければ，全員に絶えず目を配ることはできません。

このように中央集権的なやり方ではうまくいかないとき，先の「見えざる手」の比喩のように，グループのメンバーが各自で分権的に意思決定するという前提で，何かうまいルールをデザインして，個人の利益追求がグループ全体の利益と一致するようにできないだろうか？という発想から生まれたのがマーケット・デザインなのです。

もちろん，市場メカニズムが利用できるような状況ならば，改めてマーケット・デザインの研究によって何か新しいルールを作る必要はありません。ところが，歴史的経緯や社会的慣習・タブーのために，これまで（も，これからも）市場メカニズムが利用できないような状況があります。

例えば，腎臓疾患患者のために腎臓の移植をするという問題の場合，腎臓を提供してくれるドナーが存在しても，血液型等の適合性がなければ移植できないので，患者とドナーとのマッチングを見つけるのは大変難しいものです。もちろん，腎臓をはじめとする臓器を市場で売買することは，ほとんどの国の法律で禁止されています。このような場合，健康な腎臓がほしい（需要している）患者の希望と，腎臓を提供（供給）したいというドナーの希望を「見えざる手」によって結びつける市場メカニズムは利用できません。

そこで，市場メカニズムに代わって，患者やドナーの個人的利益の追求を社会全体の利益と一致させるようなルールをうまくデザインできれば理想的です。この理想的な状態を導くようなルールをデザインすること，それがまさにマーケット・デザインの課題なのです。

もちろん，市場メカニズムが不在の領域を分析するマーケット・デザインの研究にとっても，市場メカニズムの分析で培われてきたさまざまな分析道具や概念が有用です。

すでに述べたように，マーケット・デザインの主な応用分野は**マッチング理論**と**オークション理論**です。おおざっぱにいえば，経済主体の間で金銭の授受を伴わないような取引を考察するのがマッチング理論で，金銭の授受を伴う状況を扱うのがオークション理論です。

また，すでに述べたようにマッチング理論で重要な配分決定ルールは**受入保留方式**ですが，オークション理論で活躍する配分決定ルールは**VCG メカニズム**[8)]というものです。これらの 2 つのルールは，明らかに全く違うルールですが，これらのメカニズムが持つ性質には類似性があります。

事実，ジョン・ハットフィールドとミルグロムは，マッチング理論とオークション理論で取り扱っている問題は，一般化するとある種の市場（具体的には労働市場）における配分の問題としてとらえることが可能であり，かつそうした市場における価格と配分決定のメカニズムは，受入保留方式に似たオークションのメカニズムになることを明らかにしました。こうして，マッチングとオークションはそれぞれ，より一般的な問題（契約付きマッチングといいます）の特殊ケースであることが示されたのです。

つまり，マッチング理論やオークション理論で取り扱っている問題が，究極的には人々の間での財やサービスの配分決定であることから，実際には市場メカニズムは使えないとしても，それを市場メカニズムの文脈で理解することが可能なのです。

実際，マッチング理論やオークション理論で提案されているルール（受入保留方式や VCG メカニズム）やそれによって実現する配分の性質を調べたりする際に利用される概念は，パレート効率性やコアといった市場メカニズムの研究から生まれてきた概念なのです。

8）　William Vickrey, Edward Clarke, Theodor Groves の 3 人がそれぞれ独立に発見したルールのため，3 人の頭文字をとって VCG メカニズムと呼ばれます。特に，オークションへの応用の場合，VCG メカニズムを用いてオークションを分析した Vickrey にちなんで，ヴィッカレー・オークション（あるいは **2 位価格オークション**）と呼ばれます。

アダム・スミスの「見えざる手」の比喩は，現代の経済学では厚生経済学の基本定理と呼ばれていると先ほど述べました。これは，市場メカニズムで決定される配分（市場均衡といいます）はパレート効率的であること，つまり，おおざっぱにいえば全員の利益を最大化するものであること（第 1 基本定理），またその逆に，（適切な所得再配分のもとでは）どんなパレート効率的な配分も市場均衡になることを述べたものです。細かいことを抜きにして簡単にいえば，市場均衡であること＝パレート効率的であるということです。

いま市場均衡はパレート効率的であると述べましたが，それは参加者全員がお互い自由に取引できることを前提にしていました。次に，市場参加者の一部が，市場で自由に取引する代わりにグループ（提携といいます）を作って，そのグループに属するメンバーだけで取引するようなことを考えてみます。

言い換えれば，市場で販売する前に一部のメンバーだけで「抜け駆け」して財を交換してしまうようなことを考えてみます。もしこのような「抜け駆け」でそのグループのメンバーが得をするようなことがあれば（そのようなグループをブロッキング提携といいます），市場メカニズムによる配分（市場均衡）は実現されないかもしれません。つまり，ブロッキング提携の存在によって市場均衡は（ある意味で）不安定になることになります。

しかし，誰も取引前の状態よりも悪い配分にならず（これを個人合理性といいます），いま述べたようなブロッキング提携が存在しないような配分はコアと呼ばれますが，市場均衡は常にコアになっています。

さて，このように市場メカニズムによって実現する配分（市場均衡）はパレート効率的であり，かつコアに属するという非常に良い性質を持っています。

では，市場メカニズムが使用できない場合に，マーケット・デザインの研究によって考案されたルールが生み出す配分は，パレート効率なのかどうか，コアに属するのかどうかが問題になってきます。もしこれらの性質を満たしているなら，そうしたルールは市場メカニズムの代用として理想的なものといえます。このように，市場メカニズムの研究で培われてきた分析道具や概念が，マーケット・デザインの研究でも大事なのです。

5 ハイエクの設計主義

先ほど，マーケット・デザインの研究が市場メカニズムの研究から多くの概念や考え方を継承していると述べましたが，一方で，マーケット・デザインの研究は，決して「市場に任せておけばうまくいく」といった市場原理主義の考えには与しません。むしろ，市場ではうまく解決できない「市場の失敗」のあるところで，市場に代わるメカニズムを考えるのがマーケット・デザインの真髄です。

また，メカニズムを「デザインする」というマーケット・デザインのアプローチに対して，フリードリヒ・ハイエクのいう「設計主義」という批判が聞かれることもあります。

設計主義とはもともと，市場での自由な取引に政府が介入し，規制することが必要であるという考え方を指しています。ハイエクの中ではおそらく社会主義の計画経済やケインズ主義的な政策が念頭にあったと思います。ハイエクはこうした政府による介入や規制は設計図どおりにはうまくいかない，絵に描いた餅だと考えていました。

その最大の理由は，各々の経済主体に分散して所有されている膨大な情報を集計して処理する能力が政府にはない，というものです。一方，ハイエクは，こうした膨大な情報は，市場において自己組織的に集計・処理されると考えていました。

実際，このような情報集約の機能，あるいは情報処理装置としての機能という観点から見て，市場における価格メカニズムは最も効率的なものであるとハイエクは主張しています。

> 「価格メカニズムの実際の機能を理解しようと望むのならば，価格メカニズムを……情報伝達のためのメカニズムと見なければならない……価格メカニズムについてのもっとも重要な事実は，このメカニズムが機能するのに要する知識が節約されていること，すなわち個々の市場の参加者たちが正しい行為をすることができるために知っている必要のあることがいかに少なくて済むかということである。簡単に述べれば，一種のシンボルによって，もっとも本質的な情報のみが，そしてそれに関係のある人びとだけに伝達されるのである」（ハイエク，邦訳，pp.121-122）

このように，市場メカニズムというのは，資源配分上も情報処理上も最も効率的なメカニズムなのですが，ハイエクはこのように大変優れた市場メカニズムが人為的な計画（デザイン）の産物ではないことに注意を促しています。後のハイエクの用語でいえば，市場メカニズムとは**自生的秩序**なのです。

「もし仮にこの価格メカニズムが作為的な人間の設計の結果であったならば……このメカニズムは人間の知性の最大の勝利の一つとして激賞されていたことであろうと私は確信する。このメカニズムの不運は二重のものであって，一つはそれが人間の設計の産物ではないことであり，もう一つはこのメカニズムに導かれる人びとは通常，自分たちのすることがなぜそうするようにさせられるのかを知らないということである」(ハイエク，邦訳，p.123)

本書ではこれからマーケット・デザインについて詳しく述べていくのですが，上記の引用文の最後の部分は，その重要な研究課題に触れています。もっと具体的には，以下の文に敷衍されて説明されています。

「設計されることなしに（そしてそれを理解することさえもなしに）発達してきたものが，われわれが意識的に解決できないような諸問題を解決するであろうとは信じられない人びと――は次のことを思いだすべきである。すなわち，問題はまさに……誰かが個人にたいしてなにをなすべきかを命令することなしに，個人に望ましいことをさせるような誘因を，どのようにして用意するのかということなのである」(ハイエク，邦訳，p.123)

マーケット・デザインはまさに，何らかの理由で市場が存在しないか，市場メカニズムを利用することが適切ではないような状況において，中央当局や誰か権力者の命令によらずに，家計や企業が分権的に自主的に，社会的に望ましい結果（例えば，効率的な資源配分）を実現するように知らず知らずに導かれていくような誘因を与える経済メカニズムを設計することなのです。

先に，受入保留方式や2位価格オークションが耐戦略性を満たしていると述べましたが，それはとりもなおさず，こうしたメカニズムは，各経済主体が分散して保有している選好という情報を自発的に表明させて，集計するメカニズムになっているということです。

したがって，マーケット・デザインの研究は，ハイエクのいう巨大な情報処理システムとしての市場に代わる仕組みを，市場が利用できない場合にまで拡張するような研究なのであるといえるでしょう。

6　本書の構成

本書では，こうしたマーケット・デザインの研究を理解するうえで重要なオークション理論とマッチング理論を中心に，その基礎から解説します。次の第

1 章では，社会の制度やルールをデザインするというマーケット・デザインの先駆ともいえるメカニズム・デザインと呼ばれる研究分野を紹介し，こうした制度設計を考えていくうえで重要な**不可能性定理**を示します。

第 2 章では，前章の応用編として**公共財供給問題**に対するメカニズム・デザインについて説明します。公共財供給問題では他人の貢献にただ乗りする「フリーライダー問題」が重要ですが，この問題の解決に向けてどのように理論が発展してきたのかを展望し，次のオークション理論の研究でも重要になるエドワード・クラークとセオドア・グローブスの提案したメカニズムを紹介します。

第 3 章では単一の財が販売される**オークション**および複数の財が同時に販売される場合のオークションを題材にして，2 位価格オークションやクラークとグローブスのメカニズムをその特殊ケースとして含む **VCG メカニズム**を解説します。この VCG メカニズムでは，真の選好を表明することが最適であるという耐戦略性が満たされています。

第 4 章では安定結婚問題や大学入学問題，それに学校選択制を例にしてマッチング理論の紹介をします。ここで重要なのは，耐戦略性を満たす**受入保留方式**です。

最後に，「おわりに」では，さらにマーケット・デザインについて知りたい読者のために，比較的入手しやすい本を中心に関連図書を紹介します。また，各章末には，Python というプログラム言語で書かれたプログラムとその説明があり，各章で学んだ内容をコンピュータ上で実際に動かしながら確かめることができるようにもなっています。

付録　Python の基本事項

以下に，本書のプログラム例を理解するために必要な範囲で Python というプログラム言語の基本事項をまとめておきます。詳細は，Python に関する参考書を参照してください。なお，本書のプログラムは Python 3 系で作成されています。

変数への値の代入

以下のようにすることで，変数 x に 2，y に 1.5 という値が代入されます。

```
x = 2
y = 1.5
```

なお，Pythonでは事前には変数を宣言する必要はなく，また，変数の型（整数や浮動点小数，文字列など）も値の代入時に自動的に判定して設定されます。以下の例ではxは整数，yは浮動点小数となっています。

算術計算

変数同士の加減乗除や余り，べき乗を求めるといった算術計算は以下のようにすることで実行できます。

`x+y`（和 $x+y$）

`x-y`（差 $x-y$）

`x*y`（積 $x \times y$）

`x/y`（商 $x \div y$）

`x%y`（$x \div y$ の余り）

`x**y`（x の y 乗）

また，例えば，`x+=1` は x に 1 を足した結果を改めて x とするということを意味します。これは `x=x+1` と同じ意味になります。

画面出力

変数の値や計算した結果などを画面に表示する場合には，print 文を使います。例えば，先ほど定義した x と y の和を画面に表示する場合は，次のようにします。

```
print(x+y)
```

文字列を画面に出力したい場合は，文字列を ‘と’ とで囲って print 文に渡します。

`print(‘Hello.’)` → Hello.

文字列と数値や計算結果など複数のものを1行にまとめて出力したい場合は，それらをカンマで区切って print 文に渡します。

`print(x,’と’,y,’の和は’,x+y,’です。’)` → 2と1.5の和は3.5です。

リスト

Pythonでは，ちょうどベクトルのように扱えるリストというデータ構造があります。例えば，$A=(1,2,3)$ というベクトルは，Pythonでは以下のようにリストとして定義します。

```
A=[1,2,3]
```

リストに含まれる要素は，先頭（左端）要素のインデックスを0として，以下のように参照できます。

```
A[0] → 1
A[1] → 2
A[2] → 3
```

行列もリストとして定義できます。例えば，以下のような行列は

$$B = \begin{pmatrix} 1 & 2 & 3 \\ 4 & 5 & 6 \end{pmatrix}$$

Python では次のようにリストとして定義します。

```
B=[
    [1,2,3],
    [4,5,6]
]
```

あるいは，以下のように1行にしても構いません。

```
B=[[1,2,3],[4,5,6]]
```

こうした行列の要素は以下のようにして参照します。要素のインデックスは0から始まることに注意してください。

```
B[0][0] → 1
B[0][2] → 3
B[1][1] → 5
```

組み込み関数

より複雑な計算についても，あらかじめ Python に標準的な関数として組み込まれているものがあります。例えば，先ほど定義したリスト A の要素の和は以下の組み込み関数 sum によって計算できます。

```
sum(A) → 6
```

また，標準的な関数以外をモジュールとして import コマンドで導入することもできます。例えば，先ほどのリスト A の要素の値の平均値を求める際，statistics モジュールを導入して，そこで定義されている mean 関数を使用するには，次のようにします。

```
import statistics ← statistics モジュールの導入。
```

m=statistics.mean(A) ← 変数 m に平均値を計算した結果である 2 が代入される。

ほかによく使われるのが数値計算モジュール numpy です。numpy を導入する場合は，as np という文を付け加えて，以降の処理では np という略称で参照することがよく行われます。以下の例では numpy の average 関数で平均値を計算しています。

import numpy as np ← numpy モジュールを導入し，以降は np として参照する。

m=np.average(A) ← 変数 m に平均値を計算した結果である 2 が代入される。

条件分岐

例えば，ある変数の値が正であるか非正であるかに応じて処理を変えるといった条件分岐をさせたい場合は if 文を使います。以下の例は，先ほど定義した変数 x の値が正の場合には「正の数です」という文字列を出力し，そうでない場合は「正の数ではありません」と出力するプログラムです。

```
if x> 0:
    print('正の数です')
else:
    print('正の数ではありません')
```

このプログラムの処理を 1 行ずつ解説します。

if x> 0:

x が正の数であるならば，ということを表す条件式。この条件式が当てはまる場合，以下の処理を実行します。

　　print('正の数です')

else: ← 上の条件式が当てはまらなかった場合，以下の処理を実行します。

　　print('正の数ではありません')

変数 x の値が正か，負か，あるいは 0 であるかを判定したい場合は，次のように if, else 以外に elif でさらに条件を分岐させます。

```
if x> 0:
    print('正の数です')
elif x< 0:
```

```
    print('正の数です')
else:
    print('0です')
```

このプログラムの処理を1行ずつ解説します。

`if x> 0:`

xが正の数であるならば，ということを表す条件式。この条件式が当てはまる場合，以下の処理を実行します。

`    print('正の数です')`

`elif x< 0:`

xが負の数であるならば，ということを表す条件式。この条件式が当てはまる場合，以下の処理を実行します。

`    print('負の数です')`

`else:`

上の2つの条件式が当てはまらなかった場合，以下の処理を実行します。

`    print('0です')`

繰り返し

同じ処理を決まった回数だけ繰り返し実行させたい場合，for文を使います。例えば，先ほど定義されたリストAの要素の値を順番に画面に表示させたい場合，次のようにします。

```
for i in range(3):
    print(A[i])
```

このプログラムの処理を1行ずつ解説します。

`for i in range(3):`

変数iに最初は0を代入し，以下の処理を実行後，次に変数iの値を1だけ増加させてから再び以下の処理を実行。これをrange()のカッコ内に書かれた回数だけ実行する。

print(A[i]) ← A[0], A[1], A[2]の順に画面出力されます。

これを実行すると，以下のように画面表示されます。

```
1
2
```

```
3
```

for 文は入れ子状に使用することもできます。例えば，先ほど定義されたリスト B の要素を，最初に 1 行目，次に 2 行目という順番で表示させたい場合，次のようにします。

```
for i in range(2):
    for j in range(3):
        print(B[i][j])
```

この場合，外側の for 文における変数 i に 0 が代入された後，内側の for 文内の処理が所定の回数（ここでは 3 回）実行された後，変数 i の値が 1 だけ増加されて，再度内側の for 文内の処理が所定の回数実行されるということになります。

これを実行すると，以下のように画面表示されます。

```
1
2
3
4
5
6
```

同じ作業をある条件式が満たされるまで繰り返し実行させたい場合，while 文を使います。例えば，変数 z の初期値を 0 として，これに 1 ずつ加算していき，5 になったら終了するという場合は，以下のようになります。

```
z=0
while z< 5:
    z=z+1
    print('z の現在の値は',z,' です。')
print(z)
```

このプログラムの処理を 1 行ずつ解説します。

z=0 ← 変数 z に初期値 0 を代入。

while z<5: ← 変数 z の値が 5 より小さいかぎり，以下の処理を実行します。

z=z+1 ← 変数 z に 1 を加算した値を改めて z に代入します。

print('z の現在の値は',z,' です。') ← while 文内の処理を実行中の z の値を表示します。

`print(z)` ← `while` 文の処理を終えた時点での変数 `z` の値を出力します。
このプログラムを実行すると，画面には次のように出力されます。

```
z の現在の値は 1 です。
z の現在の値は 2 です。
z の現在の値は 3 です。
z の現在の値は 4 です。
z の現在の値は 5 です。
```

z の最終的な値は 5 になりました。

コメント

`#` の右側に書かれた文字はコメントで，プログラム実行時には無視されます。

第1章 マーケット・デザインの基礎理論

Introduction

本章では，実際に社会におけるさまざまなルールを設計する際に欠かせない，マーケット・デザインの基礎理論を紹介していきます。はじめに，投票や選挙の方式に関する例を取り上げたうえで，こうしたルール設計の議論でよく用いられるメカニズムとアルゴリズムという言葉の違いを説明します。次に，マーケット・デザインでルールを設計する際の基礎となるモデルの構造や，**耐戦略性**（支配戦略誘因両立性）といった重要概念を説明します。次に，こうしたルールを設計する際の指針となる表明原理を説明した後，一般に耐戦略性を満たすルールは独裁的なものに限るという不可能性定理を解説します。最後に，プレーヤーの選好を制限することで，独裁的ではない耐戦略的なルールが設計可能であることを示します。

1.1 くじによる選出

聖書には，神意を知るためにくじが引かれた例がいくつか記されています。例えば，イエスを裏切り自殺したイスカリオテのユダに代わって，欠員となった使徒職に代役を選ぶに当たってくじが用いられています（『使徒言行録』1：15-24）。

また，ソロモン王の作とされる旧約聖書の『箴言（しんげん）』には，「くじはいさかいを鎮め，手ごわい者どうしも引き分ける」（『箴言』18：18）とあるように，くじの結果は公平であると匂わせる記述があります。

わたしたちも日常生活で問題を解決する際，どうしても意見の一致が見られない場合にはくじを引いて決めるということがよく行われます。それは，くじの結果は公平であると考えているからだと思います。

政治的決定において一般意思の実現のために直接民主制を擁護したのはジャン＝ジャック・ルソーですが，その『社会契約論』第4編第3章「選挙について」において，統治者および行政官の選出に当たっては，選挙と抽選という方法があると述べています。そのうえで，モンテスキューの『法の精神』から「抽選による選挙は民主制の本質にかなうものだ」という文を引用し，それに賛意を示しています。

面白いことに，ルソーとモンテスキューの間には，抽選による選挙がなぜ正当化されるのかについて意見の対立があります。

モンテスキューは「抽選は誰をも傷つけない選出の方法であって，各市民に，いつかは祖国の役に立つことができるというもっともな希望を与える」と述べて，市民が政治に関わることをポジティブに見ているのに対し，ルソーは「すべての真の民主制においては，行政官の職は利益ではなくして，重い負担」であるとして，むしろネガティブにとらえているようです。

いずれにせよ，2人とも真の民主制においては，統治者や行政官の選出はくじによって決められるべきだと考えていたようです。もちろん，ルソーがいうように「真の民主制は，決して存在しない」ため，知る限りは現実にくじによって統治者を選んでいる国はありません。

そのためか，くじによって統治者や行政官を選ぶ社会がどのような社会になるのかについて想像をめぐらした作家たちがいます。

SF作家のフィリップ・K. ディックの処女長編『偶然世界』（小尾芙佐訳，早川文庫，1977年）では，ボトルと呼ばれる抽選装置によって60億人の中から執政庁の最高権力者が選ばれる世界が描かれています。

また桂望実は，その作品『平等ゲーム』（幻冬舎，2008年）において，公職どころかすべての仕事が4年ごとにくじによって決定され，特権階級も既得権益も存在しない平等な社会を描きました。

この作品の舞台は，瀬戸内海に浮かぶ人口わずか1600人の「鷹の島」。人口の流出入は厳密に管理されており，決して増減しないようになっています。所得は平等に分配され，何事も直接民主制で決定されています。より具体的には，島民はAとBという2つのグループに等分されており，それぞれのグループで仕事の抽選が行われる時期が2年ずらされています。これは，一度にすべての人の仕事が変わってしまうと，そのノウハウが蓄積されず困るからだとされています。

この鷹の島がその後どのようになってしまうのかは，ぜひ作品を読んでいただきたいと思いますが，この鷹の島のようにくじによって公職や職業を完全にランダムに割り当てるような方式は，確かに平等な方式なのかもしれませんが，住民の得手不得手や好みを全く反映していないため望ましくないのではないでしょうか。というのは，住民への仕事の割り当てをくじでランダムに決めるよりも，それぞれの仕事が一番得意な人あるいは一番やる気がある人に割り当てた方が，適材適所でより効率的な割り当て方になりうるからです。

1.2 陪審定理とコンドルセのパラドックス

ニコラ・ド・コンドルセ（1743-1794）は18世紀の数学者・哲学者で，特に投票制度に関して，マーケット・デザインの研究にもつながる重要な成果を挙げています（例えば，その成果は，アイザック・トドハンターの『新装版　確率論史――パスカルからラプラスまでの数学史の一断面』〔安藤洋美訳，現代数学社，2017年〕に詳しく記されています）。

その成果の1つ目は，コンドルセの陪審定理（Condorcet jury theorem）と呼ばれているものです。日本でも2009年より裁判員制度が採用されていますが，例えば，ある事件の容疑者が有罪か無罪か，そのどちらであるかを判断する陪審裁判を考えてみます。裁判員制度のように有罪か無罪かを複数の人による合議で決める場合と，1人の人間の判断だけで決める場合と，そのどちらの方が正しい判断をする確率が高いかという問題をコンドルセは考察しました。その結果，複数の人による合議の方が1人の判断よりも正しい判断をする確率が高いことを示しました。これがコンドルセの陪審定理の内容です。

■ 例 1.1　コンドルセの陪審定理の例

いま3人の裁判員がいて，ある容疑者が有罪か無罪のどちらかを決定するものとします。裁判員はいずれも正しい決定をしたいと思っていますが，有罪と無罪のどちらが正しい決定であるかは確率的にしか知らないものとします。

ここで，各裁判員が正しい決定をする確率は同一・独立で p であるとします。また，その確率は全くのランダムよりは正確で，$p > 1/2$ だと仮定します。逆に，各裁判員が間違った決定をする確率は $1-p$ となります。

ここで，3人の合議では多数決によって決めるとした場合，その決定が正しい確率は以下のようになります。

$$p^3 + 3p^2(1-p)$$

ここで，この式の第1項は3人ともが正しい決定をする確率 $p^3 = p \times p \times p$ です。第2項は3人のうち2人が正しい決定をする確率です。2人が正しく，1人が間違う確率は $p \times p \times (1-p)$ ですが，3人のうち誰にも間違う可能性があるので，この確率を3人分足した値がこの場合の確率になります。合議は多数決ですので，これら2つ場合の確率を合計した値が，多数派が正しい決定をする確率になります。

もし，3人のうちの1人に決定をゆだねた場合，その人が正しい決定をする確率は p ですので，

$$p^3 + 3p^2(1-p) \geq p$$

であるならば，3人の合議による決定の方が1人で決定するよりも正しい決定をする確率が高いことになります。この条件を整理すると次のようになります。

$$p(2p-1)(1-p) \geq 0$$

仮定より $p > 1/2$ ですので，この条件は確かに成り立っています。

したがって，3人の合議による決定の方が1人で決定するよりも正しい決定をする確率が高いことになります。

なお，各裁判員が正しい決定をする確率が互いに異なっている場合でも，コンドルセの陪審定理は成立します。いま裁判員 $1, 2, 3$ がそれぞれ正しい決定をする確率を p_1, p_2, p_3 とした場合，$p_1 \geq p_2 \geq p_3 > 1/2$ が成り立っているとします。この場合でもやはり，3人が多数決による合議で決めた場合に正しい決定をする確率は，3人の中から1人をランダムに選び，その人が正しい決定をする確率よりも高いことを示すことができます。

まず，3人の合議では多数決で決めるとした場合，その決定が正しい確率は以下のようになります。

$$p_1p_2p_3 + (1-p_1)p_2p_3 + p_1(1-p_2)p_3 + p_1p_2(1-p_3) \tag{1.1}$$

ここで，第1項は3人とも正しい決定をする確率，第2項は裁判員1以外は正しい決定をする確率，第3項は裁判員2以外は正しい決定をする確率，第4項

は裁判員3以外は正しい決定をする確率になります。

いまここで仮に，裁判員1が正しい決定をする確率が（仮定された場合よりも小さい）1/2ちょうどだとします。このとき，3人が合議で決めた場合に正しい決定になる確率は，(1.1)式に $p_1 = 1/2$ を代入して整理すると，次のように求まります。

$$p_2p_3 + \frac{1}{2}(1-p_2)p_3 + \frac{1}{2}p_2(1-p_3) = \frac{1}{2}(p_2+p_3)$$

この値は明らかに(1.1)式より小さくなります。

同様にして，裁判員2と3それぞれが正しい決定をする確率が1/2ちょうどだとした場合の3人が合議で決めた場合に正しい決定になる確率は，それぞれ次のようになります。

$$\frac{1}{2}(p_1+p_3)$$

$$\frac{1}{2}(p_1+p_2)$$

これらの値も明らかに(1.1)式より小さくなります。そこで，これらの確率にそれぞれ1/3を掛けて足し合わせた以下の値もまた，(1.1)式より小さくなります。

$$\frac{1}{3}\left[\frac{1}{2}(p_2+p_3) + \frac{1}{2}(p_1+p_3) + \frac{1}{2}(p_1+p_2)\right] = \frac{1}{3}(p_1+p_2+p_3)$$

さて，この式の右辺は，3人の裁判員のうちの1人が確率1/3で選ばれて正しい決定をする確率を意味します。これが(1.1)式より小さいわけですから，これでコンドルセの陪審定理が成り立っていることが示されたことになります。

コンドルセの陪審定理によれば，1人の判断に任せるよりは，多数決で多くの人の判断を集計した方がより正しい決定をする確率が高いということになります。したがって，1人の判断で決める独裁制よりは，多数決のような民主的決定の方が好ましいということになります。

なお，本章末には，コンドルセの陪審定理をシミュレーションするためのPythonプログラム（プログラム1.1）を用意していますので，プレーヤー数をいろいろと変えながら試してみてください。

コンドルセが発見したもう1つの成果は，今日コンドルセのパラドックスとして知られているものです。これは，3つ以上の候補を多数決投票で選ぶ際に，2つの候補を順番に比較していくという方式（これはコンドルセ方式といわれます）で決めると，どの候補から比較していくか，その順番によって当選者が変わってしまう，という問題です。

例 1.2　コンドルセのパラドックスの例

いま，3つの候補 X, Y, Z のどれを当選させたいかについて，3人の投票者 A, B, C が表 1.1 のような希望順位を持っているとします。

ここで，3つの候補 X, Y, Z のどれが当選するかを決めるために，まず候補 X と Y の比較を行います。この場合，投票者 A と C は Y よりも X を高く評価しているので，X と Y のどちらを選ぶかを多数決投票すれば，2対1で X が勝利します。次に，残った候補 Z と X とを比較します。投票者 B と C は X よりも Z を高く評価しているので，X と Z のどちらを選ぶかを多数決投票すれば，2対1で Z が勝利します。したがって，Z がこの場合の当選者になります。

今度は，最初に候補 Y と Z の比較から行う場合を考えてみます。投票者 A と B は Z よりも Y を高く評価しているので，Y と Z のどちらを選ぶかを多数決投票すれば，2対1で Y が勝利します。次に，残った候補 X と Y とを比較します。投票者 A と C は Y よりも X を高く評価しているので，X と Y のどちらを選ぶかを多数決投票すれば，2対1で X が勝利します。したがって，X がこの場合の当選者になります。

このように，コンドルセ方式によって決める場合，候補を比較する順番によって異なる候補が当選することがあります。

このように，投票結果を1つに定めることができない現象をコンドルセのパラドックスといいます。

表 1.1　3人の投票者の希望順位

	1位	2位	3位
A	X	Y	Z
B	Y	Z	X
C	Z	X	Y

ノーベル経済学賞を受賞しており，経済学に関する多くの優れた研究業績で知られるケネス・アロー（1921-2017）は，こうした投票の問題を体系的に取り扱うために今日，社会的選択理論（social choice theory）と呼ばれる研究分野を創始しました。社会的選択理論では一般的に，投票者のような主体が候

補に関する希望順位（選好といいます）を提出し，そうした希望順位の組（プロファイル）に基づいて，（例えば，全員一致が望ましいといった）何らかの社会的に望ましい基準で，候補に対する社会的な順位を決定するという問題を扱います。アローは，この社会的選択理論のフレームワークのもとで，民主的な投票ルールが満たすべき一定の基準のもとでコンドルセのパラドックスのような問題を避けようとすれば，多数決を含むどのような投票方式も，独裁的な決定方式にならざるをえないというアローの不可能性定理を示しています（詳細については，巻末の「おわりに」に挙げた文献を参照してください）。

1.3　投票と戦略的行動

しかし，現実では，主体が自分に都合のよい社会的結果を生み出すために，希望順位を偽るといった戦略的行動が考えられます。古典的な例としては，ボルダ方式で投票結果を決める場合に，そうした戦略的行動が生じえます。ちなみに，ボルダとは，この投票方式を考案したジャン＝シャルル・ド・ボルダ（1733-1799）の名にちなんでいます。

ボルダ方式というのは次のような方式です。いま全部で m 個の候補があるとすると，各投票者には，候補に対してもれなくかつ重複なしに 1 位，2 位，……，m 位という希望順位を付けて投票してもらいます。この投票の結果，1 位の候補には m 点，2 位の候補には $m-1$ 点，……，m 位の候補には 1 点という点数が加算されます。すべての投票者による投票で獲得した点数が最も高い候補が当選となります（同順位の場合は，何らかのタイブレーク・ルールで当選者を決めます）。

この場合，以下の**例 1.3** のように，希望順位を偽ることで自分に都合のよい候補を当選させる戦略的行動が可能な投票者が存在しえます。

■ 例 1.3　ボルダ投票の例

いま，5 人の投票者 1, 2, 3, 4, 5 が 4 人の候補者 1, 2, 3, 4 を選ぶ選挙で，**表 1.2** のような希望順位を提出したとします。

この場合，1 位には 4 点，2 位には 3 点，3 位には 2 点，4 位には 1 点が加算されます。各候補者が獲得した得点を一覧表にし，合計したのが**表 1.3** です。

ここで，14 点を獲得した候補者 1 が当選となります。ちなみに，投票者 1, 2,

表 1.2　5 人の投票者の希望順位

	候補者 1	候補者 2	候補者 3	候補者 4
投票者 1	1 位	4 位	2 位	3 位
投票者 2	1 位	2 位	4 位	3 位
投票者 3	4 位	3 位	1 位	2 位
投票者 4	4 位	1 位	3 位	2 位
投票者 5	1 位	2 位	4 位	3 位

表 1.3　各候補者が獲得した得点

	候補者 1	候補者 2	候補者 3	候補者 4
投票者 1	4	1	3	2
投票者 2	4	3	1	2
投票者 3	1	2	4	3
投票者 4	1	4	2	3
投票者 5	4	3	1	2
得点合計	14	13	11	12

表 1.4　投票者 3 が希望順位を偽った場合

	候補者 1	候補者 2	候補者 3	候補者 4
投票者 1	4	1	3	2
投票者 2	4	3	1	2
投票者 3	1	**4**	**2**	3
投票者 4	1	4	2	3
投票者 5	4	3	1	2
得点合計	14	**15**	**9**	12

5 の 3 人が候補者 1 を 1 位にしていることからもわかるように，この当選結果は多数決と一致します。また，比較する候補の順番に関係なく候補者 1 はコンドルセ方式で選ばれる（**コンドルセ勝者**になるといいます）ことも確認できます。

ところが，ここで投票者 3 に注目します。投票者 3 にとって候補者 1 は最下位の 4 位です。したがって，この投票結果には大いに不満があるはずです。そこで，投票者 3 は，それぞれ 3 位と 1 位だった候補者 2 と 3 の希望順位を入れ替えて，それぞれ 1 位と 3 位にしていたとしたらどうなっていたかを考えてみます。この虚偽の順位のもとでは，投票者 3 の投票によって候補 2 と 3 が得る得点はそれぞれ 4 点と 2 点に変わります。

その結果，候補者 2 の得点合計は 15 となり，候補者 1 の 14 点を上回ります。

こうして，投票者3にとって3位の候補者2が当選することで，投票者3は投票結果をより自分の都合のよいように変更できました。このように，ボルダ方式のもとでは戦略的操作の余地があるのです。

こうした戦略的行動は，他の投票方式においても見られます。例えば，近年注目されている**多数派判断**（majority judgement）**方式**について考えてみましょう。多数派判断方式は，Balinski and Laraki（2007）によって提案された投票方式で，その特徴は，投票者が各候補者に対する希望順位ではなく，グレード（評価）を与える点です。ここでいうグレードとは，良い・悪いやAランク・Bランク・Cランクといった，多くは自然言語で表現されるような主観的判断のことです。

こうすることで，投票者がすべての候補者を互いに比較して希望順位のような厳密な序列を付けなくても，候補者ごとに個別にグレードを考えることで投票可能であるという利点があるとされています。

さらに，1位と2位，2位と3位との間では，どちらの場合も順位の上ではそれぞれ1位分の差があるという意味では同じですが，主観的な評価では1位と2位との間の差の方が2位と3位の差よりも大きいということがありえます。そうした主観的判断の差も上記のようなグレードを使うことでうまく表現できます。

さて，投票者が各候補者に対するグレードを投票した後，候補者ごとにそのグレードを評価の高い順に並べ替え，ちょうど真ん中（中央値，メディアン）に当たるグレードを求めます。その真ん中のグレードが最も高い候補者が当選となります（同順位の場合は，何らかのタイブレーク・ルールで当選者を決めます）。

この多数派判断方式は，投票者による戦略的操作に比較的強いとされていますが，以下の**例1.4**で見るように，戦略的操作によって投票結果が左右されることが確認できます。

■ 例1.4　多数派判断方式の例

先ほどの**例1.3**と同じ状況を考えます。つまり，5人の投票者1, 2, 3, 4, 5が4人の候補者1, 2, 3, 4に対して投票するものとし，各投票者は**例1.3**と同じ希望順位を持っているとします。

ここで，各投票者は候補者に対するグレードとして1から7までの数値を付けるものとします。7 が最高で，1 が最低だとします（7 を「非常に良い」，1 を「非常に悪い」とする 7 段階評価と考えてもよいです）。

いま各候補者が表 1.5 のようなグレードを投票したとします（希望順位が高い候補者に対するほど高いグレードを与えていることに注意してください）。

ここで，例えば，候補者 1 に対するグレードは左から高い順に並べると，

7, 6, 4, 2, 1

になりますので，その中央値は 4 になります。同様に各候補者に対するグレードの中央値を求めると，中央値が最も高い候補者 1 が当選することになります。

しかし，**例 1.3** のときと同様に，例えば，投票者 3 にとって候補者 1 は最下位ですので，不満が生じるでしょう。そこで，投票者 3 は各候補者に対するグレードの相対的順位を変えないまま，候補者 2 に対する評価を 5 にしたとします（表 1.6）。

すると，この場合，候補 2 に対するグレードの中央値は 5 に変わり，候補 2 が当選することになります。こうして，投票者 3 にとって 3 位の候補 2 が当選することで，投票者 3 は投票結果をより自分の都合のよいように変更できました。このように，多数派判断方式のもとでも戦略的操作の余地があるのです。

表 1.5　投票者の各候補者に対するグレード

	候補者 1	候補者 2	候補者 3	候補者 4
投票者 1	7	2	6	3
投票者 2	6	5	1	2
投票者 3	2	3	7	6
投票者 4	1	6	2	5
投票者 5	4	3	1	2
中央値	4	3	2	3

表 1.6　投票者 3 が虚偽のグレードを表明した場合

	候補者 1	候補者 2	候補者 3	候補者 4
投票者 1	7	2	6	3
投票者 2	6	5	1	2
投票者 3	2	**5**	7	6
投票者 4	1	6	2	5
投票者 5	4	3	1	2
中央値	4	**5**	2	3

なお，本章末には，多数派判断方式で当選者を決定するための Python プロ

グラム（プログラム1.2）を用意していますので，プレーヤー数や各プレーヤーの候補者への評価をいろいろと変えながら試してみてください。

このように，投票制度においては，投票者がその希望順位や評価を偽って投票することで，投票結果を左右しようとする戦略的行動の余地があります。そこで，マーケット・デザインでは，社会的選択理論をベースにして，そこに主体の戦略的行動などを考慮したフレームワークを考え，そのうえで理想的な市場や社会の制度・ルールの設計について考えます。その基礎理論を，以下で詳しく説明したいと思います。

1.4 メカニズムとアルゴリズム

マーケット・デザインの研究では，特定の市場における取引を規定する原則やルールの集合のことを**メカニズム**といったり，**アルゴリズム**といったりします。この2つの用語はほぼ同じ意味と考えてもらってよいと思います。ただ，あえて両者を区別しようとしたら，メカニズムといった場合は，基本的な原則やルールの集合のことを指し，アルゴリズムといった場合は，そうした原則やルールから具体的に取引の価格や配分を決定する手順を指す，ということになると思います。

例えば，経済学では最も古くから研究されているメカニズムに**市場メカニズム**があります。みなさんも経済学の教科書でおなじみの市場メカニズムでは，需要と供給が一致するような価格と取引数量（配分）が市場均衡となります。つまり，市場メカニズムとは，「需要と供給が一致するように価格と取引数量を決める」ルールということになります。しかし，このルールには，具体的にどのようにして価格や取引数量を決定すればいいのか，その手順が記されていません。つまり，価格や数量決定のアルゴリズムが不明です。

ただし，ミクロ経済学における市場理論では，価格や配分を決定するアルゴリズムを具体的に記述しなくても，市場メカニズムの重要な性質の多くを理論的に導くことができ，実際そうした研究が積み重ねられてきました。

例えば，完全競争市場の場合，需要と供給が一致する市場均衡においては，売り手と買い手双方の利益（余剰）の総和が最大化されるパレート効率的な配分が実現するという「厚生経済学の基本定理」は，先ほど指摘したようなアルゴリズムの詳細がわからなくても示すことができます。

Column 1.1　市場取引のアルゴリズム

コール市場とは日本では**板寄せ**と呼ばれているアルゴリズムです。この板寄せの場合に，需要と供給が一致するような配分がどのように決定されるのかを説明します。

まず，売り手が販売希望価格，買い手が購入希望価格をそれぞれ（紙に書くか，コンピュータに入力して）提出し，最も高い購入希望価格を書いた買い手と最も低い販売希望価格を書いた売り手を選び出し，購入希望価格が販売希望価格と同じかそれよりも高いならば取引を成立させます。

次に，２番目に高い購入希望価格を書いた買い手と２番目に低い販売希望価格を書いた売り手を選び出し，購入希望価格が販売希望価格と同じかそれよりも高いならば取引を成立させます。以下同様に，取引が成立するかぎり，こうした作業を続けていきます。

こうして，最後に成立した取引での購入希望価格と販売希望価格との中間（多くの場合，真ん中の）価格ですべての取引を決済します。

もう１つのアルゴリズムは**ダブル・オークション市場**，日本では**ザラ場**と呼ばれているものです。ザラ場の場合，売り手・買い手がそれぞれ，全員が共通に見ることのできる場（例えば，コンピュータ画面）に販売希望価格と購入希望価格を提示します。ただし，売り手はすでに場に出ている販売希望価格以下の価格しか提示できないし，また，買い手はすでに場に出ている購入希望価格以上の価格しか提示できません。

通常は最初，販売希望価格が購入希望価格を上回っている場合がほとんどです。しかし，次第に販売希望価格が低下し，購入希望価格が上昇していくので，そのうち購入希望価格が販売希望価格と一致する瞬間が訪れます。そこで取引が成立します。

一度取引が成立すると，再び価格はご破算になって，残りの売り手・買い手でまた同じように価格の提示を行っていきます。この手順は，あらかじめ決められた時間の間続けられます。

しかし，こうしたアルゴリズムが不明のままでは，実際に取引所で市場均衡となるような価格や配分を決定することができません。そこで，取引所では，ザラ場（ダブル・オークション市場）や板寄せ（コール市場）といった具体的なアルゴリズムが提案され，使用されています（**Column 1.1**）。

もちろん，例えば，マーケット・デザインでよく研究されているオークションやマッチングの場合には，そこで提案されているメカニズムが同時に具体的にアルゴリズムになっている場合もしばしばですから，メカニズムとアルゴリズムという言葉をあえて使い分けなくてもよい場合が多いと思います。ただ，ニュアンスとしては，先ほど説明したような違いがあるということを覚えておいてください。

なお，経済学の研究では，マーケット・デザインと似た領域にメカニズム・デザインというものがあります。どちらも，あらかじめ設定された目標や基準に合致するような結果を生み出すルールを設計するという研究分野ですが，ここまでの説明に即していえば，メカニズム・デザインでは，そうしたメカニズムを設計するにとどまるのに対して，マーケット・デザインではアルゴリズムまで設計するのだといっていいかもしれません。

歴史的には，メカニズム・デザインの研究の方が先行しており，マーケット・デザインではこのメカニズム・デザインの研究から多くの概念やツールを借用していますので，研究者によっては，マーケット・デザインはメカニズム・デザインの一部分だと考える人もいます。

しかし，マーケット・デザインの研究でノーベル経済学賞を受賞したロスとミルグロムは，この２つの研究領域には根本的な違いがあると考えているようです。

実際，筆者がロスやミルグロムに個人的に聞いたところでは，２人ともが共通して強調したことは，簡単にいえば，メカニズム・デザインでは目標を実現するメカニズムが理論的に設計できればそれで研究課題を達成したことになるが，マーケット・デザインではそうして設計したメカニズムを実地に適用せねばならず，理論では無視できた現実世界のさまざまな制約条件を考慮したアルゴリズムにまで落とし込まないといけないということです。

言い方を変えると，メカニズム・デザインはあくまで理論上うまく機能するメカニズムを研究しているのに対し，マーケット・デザインは現実世界で実際に機能するアルゴリズムを研究する，**工学**（エンジニアリング）的な側面があるということです。

実際，ロスは，マーケット・デザインの研究とはまさに工学的なものであることを，次のようなたとえ話で語っています。

> 「吊り橋を設計することを考えてみよう。吊り橋の物理を支配しているニュートン力学は数学的に美しいものである……しかし，こうしたエレガントな理論だけでは吊り橋を作ることはできない。それは，重力だけを考慮し，あらゆる橋桁は完全な剛体であると仮定しているからである。現実のつり橋は鉄でできているだけでなく，岩や土，水の流れの上に立っており，金属疲

労の影響や土質工学の問題，波や風の力も関係してくる。こうした現実世界の複雑性に関する多くの問題は数理分析では解くことができず，模型を使った風洞実験やコンピュータ・シミュレーションなどで探究するしかない。こうした研究では，しばしば，単純なニュートン力学では見過ごされている力の影響を測定しなければならず……中には，適切に考慮しておかないと，吊り橋を倒壊させてしまうものがある……こうした追加的な要因がどのようなもので，それが単純な理論モデルにどういった影響をもたらすのかを考える学問領域が工学（エンジニアリング）なのである。工学はニュートン力学のようにエレガントではないが，現実に吊り橋が建造できるのはそのおかげなのである[1)]」

このロスの文章では，マーケット・デザインの実地応用的な側面だけでなく，実験やコンピュータ・シミュレーションの重要性が強調されている点についても注目してください。

1.5　マーケット・デザインの基本概念

さて，先ほどの説明でメカニズム・デザインとマーケット・デザインの違いがわかったところで，今度は具体的にメカニズムやアルゴリズムを設計するための理論について説明していくことにします。ただし，この節の内容はかなり抽象的なものですので，以下の章でオークションやマッチングにおけるメカニズムの具体例を見てから再度立ち戻っていただくと理解が深まると思います。

まず，オークションやマッチングなどのさまざまな市場のルール，つまり，メカニズムやアルゴリズムを設計する人のことをソーシャル・プランナーとかデザイナーと呼びます。それに対して，市場において取引を行う人々のことをプレーヤーと呼びます。

プレーヤーは，この市場において実現する可能性のある**結果の集合** A に関して，そのどれが好ましいのかを表す**選好**を持っています。例えば，結婚マッチング市場の場合ですと，どの男性とどの女性がカップルになるかという各々のマッチングの結果について，どのマッチングが好ましいのか順位を付けたものがプレーヤーの選好になるでしょう。

1）　Roth and Peranson（1999）.

さて，こうしたプレーヤーたち全員の選好を一組にまとめたものを選好プロファイル θ といい，選好プロファイルの集合を P と表します。

デザイナーは，各選好プロファイル $\theta \in P$ に対して，ある基準や目標に従って，結果の集合 A の中から１つの結果 $a \in A$ を選びます。このデザイナーの目標選択を反映した関数を**社会的選択関数**と呼び，$f{:}P \to A$ と表します。例えば，オークション市場の場合，デザイナーは，販売される財に対して最も高い評価値を持つ買い手に落札させるとか，売り手の収益を最大にするといった目標を実現しようとすることでしょう。

なお，ここで注意してほしいのは，社会的選択関数は，すべての選好プロファイルについて，デザイナーの望む目標と合致するような結果を選ぶものである，ということです。つまり，ある選好プロファイル θ の場合には目標と合致するが，他の選好プロファイル θ' の場合には合致しない結果を選ぶ，ということがあってはいけません（1つの選好プロファイルに対して目標に合致する複数の結果がある場合には，何らかのルールでそのうちの１つを選び出すものとします）。

さて，ここでもし，デザイナーがプレーヤーたちの選好プロファイル θ をあらかじめ知っていれば，社会的選択関数 f のもとで目標に合致した結果 $f(\theta) = a \in A$ を適切に選ぶことができますが，現実にはデザイナーはプレーヤーの選好に関する情報を，少なくとも完全には持っていない**不完備情報**の状況下にあります。

そこで，デザイナーは，プレーヤーたちから選好に関わる何らかの情報を送ってもらいます。プレーヤーたちから送られた情報を一組にまとめたものを**メッセージ** m と呼び，m の集合を M とします。このとき，プレーヤーの選好 θ からメッセージ m を選ぶ関数をメッセージ関数 $h{:}P \to M$ といいます。それで，プレーヤーたちが選ぶメッセージ m に応じて１つの結果 $a \in A$ を選び出す関数を**メカニズム**と呼び，$g{:}M \to A$ と表します。

さて，ここで，プレーヤーたちから送られてきたメッセージ m に基づいてメカニズム g が選んだ結果 $g(m)$ と，プレーヤーたちの選好プロファイル θ に対して社会的選択関数 f が選ぶ結果 $f(\theta)$ が，すべての選好プロファイル θ について一致しているならば，つまり，$g(m) = f(\theta)$ ならば，たとえデザイナーはプレーヤーたちの真の選好プロファイルを知らないとしても，その本来の目標を実現できます。メカニズム・デザインにおけるこのような関係を図示したものが，図 1.1 の**マウント＝ライターの三角形**（Mount and Reiter, 1974）で

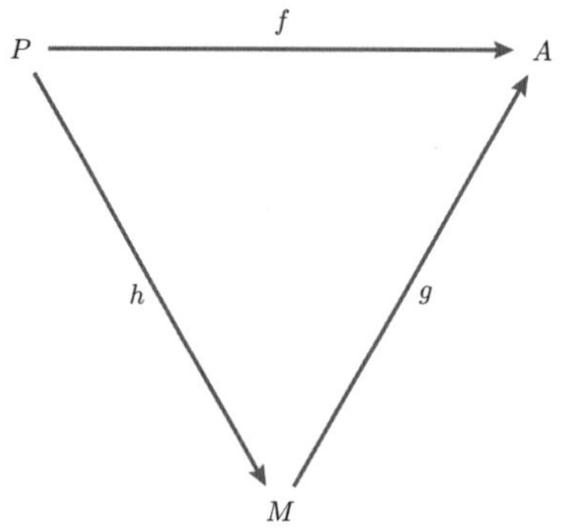

P：選好プロファイルの集合　A：結果の集合　M：メッセージの集合
f：社会的選択関数　g：メカニズム　h：メッセージ関数

図 1.1　マウント＝ライターの三角形

す。

しかし，デザイナーはプレーヤーたちの真の選好プロファイルを知らないので，プレーヤー側には自分に都合のよい結果を選んでもらうために，デザイナーに送るメッセージに虚偽の情報を含める可能性があります。

こうしたプレーヤー側の戦略的行動を見越して，デザイナーはメカニズム g を設計する必要があります。しかし，プレーヤーがどのような戦略的行動を取るのか，あらかじめ範囲を定めておかなければ，そのようなことはできません。そこで，デザイナーは，プレーヤーが，ゲーム理論でいうところの何らかの**均衡概念**に従った行動を取るものと想定し，均衡においてメカニズム g が選ぶ結果と社会選択関数 f が選ぶ結果とが一致するように，プレーヤーが選ぶメッセージを戦略とするゲームを，メカニズム g として設計することになります。

マーケット・デザインでは，メカニズム g を設計する際の均衡概念としては，**支配戦略均衡**を用いる場合が多いです。ここで，**支配戦略**というのは，他のプレーヤーが選ぶどの戦略の組に対しても常に最適反応となる戦略のことです。支配戦略が存在するときは，プレーヤーは他のプレーヤーがどのような戦略を選ぶのかについて特に何も考える必要はなく，自分にとって最適な戦略が選べるということです。すべてのプレーヤーが支配戦略を選ぶ場合を支配戦略均衡といいます。支配戦略均衡は定義上，ナッシュ均衡の一部になります。

さて，各プレーヤーが支配戦略であるようなメッセージを選ぶということを

Column 1.2　ゲーム理論における均衡概念

ここで，ゲーム理論についてごく簡単に整理します。ゲーム理論では1つの意思決定状況を**ゲーム**と呼びます。このゲームにおいて，一般には n 人のプレーヤーがいて，これらのプレーヤーの集合を N とします。各プレーヤー $i \in N$ には戦略 s_i と呼ばれる選択肢が与えられており，これらの戦略の集合を**戦略集合** S_i と呼びます。各プレーヤーが選択する戦略を一組にしたものを**戦略プロファイル** $s = (s_1, s_2, \cdots, s_n)$ と呼びます。各戦略プロファイル s に応じて，各プレーヤー i が受け取ることになる利益や損失を決定する関数を**利得関数** $\pi_i(s)$ といいます。本書で主に取り上げる戦略形（標準形）ゲーム G は，これらのプレーヤーの集合，戦略集合，利得関数から構成されます。戦略集合 S_i の集合を $S = (S_1, \cdots, S_n)$，利得関数の集合を $\Pi = (\pi_1, \cdots, \pi_n)$ とすると，ゲーム G は $G = \langle N, S, \Pi \rangle$ と表されます。

各プレーヤー i にとって，他のプレーヤーが選ぶ戦略の組 $s_{-i} = (s_1, \cdots, s_{i-1}, s_{i+1}, \cdots, s_n)$ に対して自分の利得を最大化するような戦略の集合を**最適反応** $B(s_{-i}) = \{s_i | \max \pi_i(s_i, s_{-i})\}$ といいます。一般的には，各プレーヤーの最適反応は他のプレーヤーが選ぶ戦略の組 s_{-i} に応じて違います。

ここで，ある戦略プロファイル $s^* = (s_1^*, \cdots, s_n^*)$ が**ナッシュ均衡**であるとは，各プレーヤー i にとって，他のプレーヤーが s^* に従って戦略を選んでいるとき，この自分も s^* に従って戦略 s_i^* を選ぶことが最適反応である場合をいいます。ナッシュ均衡 s^* においては，どのプレーヤーも，他のプレーヤーが戦略を変えないかぎり自分から進んで戦略を変更する誘因を持たないという意味で（戦略的に）**安定**であるといえます。このナッシュ均衡はゲーム理論でよく用いられる**均衡概念**の1つです。

他のプレーヤーの戦略選択や他のプレーヤーの持つ情報について何らかの不確実性がある場合には，そうした事柄に関して各プレーヤーが持つ**信念**（belief）も重要になってきます。この信念をどのように取り扱うかに応じて，均衡概念も変わってきます。

想定し，そのときの支配戦略均衡のもとでの結果が，プレーヤーの真の選好プロファイルのもとで社会的選択関数が選ぶ結果と一致するようなメカニズム g が設計できたとき，メカニズム g は**耐戦略的**（strategy-proof）である，**支配戦略誘因両立的**（incentive compatible）である，あるいは，社会的選択関数 f を**支配戦略によって遂行する**（implement）といいます。まぎらわしいので，本書では耐戦略的という言葉を主に用いていくことにします。つまり，耐戦略的なメカニズムを設計することが，マーケット・デザインにおける重要な課題なのです。

1.6 表明原理

さて，マーケット・デザインにおけるメカニズムの設計の基礎概念を説明してきましたが，先ほど定義されたような耐戦略的メカニズムを具体的に設計するレシピを次に説明したいと思います。

ここで重要になってくるのが，**表明原理**（顕示原理，revelation principle）と呼ばれるものです。先ほど述べたような性質を持つメカニズム g を設計する際に，最初に問題になってくるのは，プレーヤーが送るメッセージをどのように定義するかです。

例えば，市場メカニズムの場合，価格や数量といった数値をメッセージとして送ってもらうというのは，経済的には自然で意味のあることです。また，結婚マッチング市場の場合だと，誰となぜマッチしたいのか，その理由やアピールポイントを自然言語で綴ってもらうということも考えられるでしょう。しかし，これだと問題ごとに個別にどのようなメッセージが望ましいか，その都度考えなければなりませんし，メッセージが持つ情報の次元も大きくなりがちです。

そこで，もっとシンプルで，かつどのような問題にも当てはめられるようなメッセージとして，プレーヤーには自分の選好そのものを情報として送ってもらうということが考えられます。このような場合を**直接（表明）メカニズム**（direct [revelation] mechanism）といいます。もちろん，こうして送られてくる選好は，プレーヤー側の戦略的行動の結果，そのプレーヤーの真の選好を表していないかもしれません。しかし，各プレーヤーにとって均衡において真の選好を表明することが支配戦略になっていれば，そうした心配をすることもなく，メカニズム g をうまく設計できたことになります。

ここで問題となるのは，直接メカニズムに注目することで，つまり，プレーヤーが送ることのできるメッセージをその選好のみに制限することで，メカニズム設計の可能性を狭めてしまってはいないだろうか？ということです。言い換えると，各プレーヤーには選好以外にもいろいろと情報を送ってもらった方がメカニズム設計にとって都合はよくないか？という疑問です。結論からいうと，プレーヤーの送るメッセージを選好のみに限定して何も問題がないというのが表明原理の主張するところです。

一方，価格や数量といった，プレーヤーが送るメッセージをその選好に限定しないようなメカニズムを**間接メカニズム** (indirect mechanism) といいます。表明原理によれば，こうした間接メカニズムによって耐戦略的メカニズムが設計できるなら，直接メカニズムによっても耐戦略的メカニズムが設計できるということです。

表明原理 間接メカニズムによって耐戦略的メカニズムが設計できるなら，直接メカニズムによっても耐戦略的メカニズムは設計できる

この表明原理の主張は，直観的には以下のようにして証明できます。まず，プレーヤーたちはその真の選好プロファイルに基づいてメッセージを選びます。これは，メッセージ関数 h を使えば，$m = h(\theta)$ ということです。プレーヤーたちが選んだメッセージの組 m に基づいて，ある間接メカニズム g が結果 a を選び出すとします。つまり，$a = g(m) = g(h(\theta))$ ということです。メカニズム g は耐戦略的であるという前提より，この結果 a は支配戦略均衡になります。このとき，改めて g と h の合成関数を $G = g \cdot h$ と置くと，$a = g(h(\theta)) = G(\theta)$ となります。このとき，G は選好プロファイル θ を入力として結果 a を出力する関数になっていますから，これは直接メカニズムです。また，先ほどの議論から，この G が選び出す結果 a は支配戦略均衡になりますから，G は耐戦略的なメカニズムとなっているはずです。

つまり，間接メカニズム g にメッセージ関数 h を組み込んだ形の直接メカニズム G を考えれば，それが耐戦略的な直接メカニズムになっているということです。これで，表明原理の主張が証明できました。

■ 例 1.5 オークションにおける表明原理の例

例えば，オークションの場合，プレーヤーの選好は取引される財に対する評価値になります。この評価値に基づいて，プレーヤーは価格を入札（ビッド）します。この価格がメッセージであり，評価値に基づいてその価格を決めるプレーヤーの戦略（ビッド関数）がメッセージ関数 h となります。オークションでは通常，プレーヤーの選好（評価値）ではなく，価格をメッセージとして使用するので，間接メカニズムとなっています。

ここで，プレーヤーたちが評価値を入力すれば，そこからあるメッセージ関数 h に従って価格を決めてくれるコンピュータ・プログラムがあるとします。このプログラムは，ビッドされる価格から落札者と支払額を決めるオークション・メ

カニズム g がどのようなものであるかも考慮されてデザインされているとします。このようなオークション・システム全体は，プレーヤーの選好プロファイル θ を入力すれば，そこからメッセージ関数 h を介してオークション・メカニズム g によって落札者と支払額を決める直接メカニズム G とみなすことができます。
表明原理によれば，ここでプレーヤーたちの真の評価値に対してメッセージ関数 h が選ぶメッセージがオークション・メカニズム g のもとで支配戦略になっているなら，直接メカニズム G のもとでプレーヤーが真の選好を表明することも支配戦略になっているということです。

したがって，表明原理によれば，メカニズムを設計するときには，プレーヤーに自分の選好をメッセージとして表明してもらうような直接メカニズムだけを考慮しておけば十分だということです。

この表明原理によれば，メカニズムを設計するデザイナーの作業は次のようになります。

1. プレーヤーは自分の選好をメッセージとして表明するものとする
2. 可能なすべての選好プロファイル θ について，直接メカニズム $g(\theta)$ が選び出す結果 $a = g(\theta)$ は，社会的選択関数 $f(\theta)$ と一致するようにする（$f(\theta) = g(\theta)$）
3. かつ，直接メカニズム g は，各プレーヤーにとって真の選好を表明することが支配戦略均衡になるように設計する

1.7　不可能性定理

しかし，先ほど述べたような耐戦略的な直接メカニズムは，いつでも設計可能なのでしょうか？ 結論を先にいえば，その答えはノーです。それを示したのが，以下の定理です。

ギバード＝サタースウェイトの定理（Gibbard, 1973; Sattherthwiate, 1975）　結果が3つ以上である場合に，自明なものを除いて，耐戦略的なメカニズムは独裁的なものに限られる

独裁的というのは，社会的選択関数が選び出す結果が，他のプレーヤーの表明する選好に関わりなく，ある1人のプレーヤー（独裁者といいます）の選好の

みを反映する場合に当たります。つまり，常に独裁者に都合のよい結果だけが選ばれるということです。

社会的選択関数が独裁的なものならば，他のプレーヤーの表明する選好に関係なく自分の選好だけで結果が決まるので，独裁者は正直に自分の選好を表明した方がそうしない場合よりも，自分に都合のよい結果が選べます。それ以外のプレーヤーは，どのような選好を表明しても結果に影響しないので，すべての戦略が無差別になります。したがって，正直に真の選好を表明することも（他の戦略と同様に）支配戦略になります。

よって，すべてのプレーヤーにとって正直に真の選好を表明することが支配戦略になります。つまり，このような独裁的な決定メカニズムは耐戦略的なメカニズムになります。

自明なメカニズムとは，プレーヤーの表明する選好とは全く無関係に同じ結果を選ぶようなメカニズムのことです。この場合も，定義から明らかなように，すべてのプレーヤーにとって，どのような選好を表明しても結果は同じになるので，すべての選択が無差別になります。したがって，正直に真の選好を表明することが（他の戦略と同様に）支配戦略になります。しかし，このような自明なメカニズムでは，プレーヤーの選好を表明させる必要がないため，メカニズム設計者が，プレーヤーの意思と関わりなく決定してしまう独裁者になってしまいます。これでは，プレーヤーから選好に関する情報を集めるというメカニズムを設計するそもそもの動機から外れてしまいますので，こうした自明なメカニズムは除外して考えるべきでしょう。

さて，このギバード＝サタースウェイトの定理によれば，耐戦略的なメカニズムが設計できるとすれば，それは独裁的なものに限られるということですが，そのようなメカニズムは，ほとんどの問題においてよい解決法とはいえないでしょう。そういう意味で，これはメカニズムの設計における限界を示した**不可能性定理**（impossibility theorem）として認識されています。

1.7.1 結果が2つしかない場合の可能性定理

なお，この定理の前提条件のうち，「結果が3つ以上」を満たさない場合とは，結果が1つか2つのみの場合です。結果が1つのみの場合，そもそもプレーヤーに選択の余地はないので，プレーヤーが結果を戦略的に操作する余地はありません。

結果が2つのみの場合，独裁的ではないメカニズム，例えば，多数決で多くの支持を得た結果を選択するというメカニズムは耐戦略的になります。この場合，自分が本当は支持している結果とは違う方の結果を実際に支持すれば自分にとって不利になるだけですから，どのプレーヤーも正直に自分の選好を表明することが支配戦略になります。このことを以下の具体的な例で考えてみましょう。

いま，2人のプレーヤーがいて，2つの結果 X と Y について，X を Y よりも好む場合を XY，Y を X よりも好む場合を YX と書くことにします（同順位はないものとします）。2人ともが XY という選好の場合は X，2人ともが YX という選好の場合は Y を選ぶというのが多数決に基づくメカニズムになります（全員一致は多数決の特別な場合になります）。表1.7を見てください。

ここで，例えば，プレーヤー1の選好は XY で，プレーヤー2の選好が YX である場合，2人の意見が分かれています。つまり，X も Y も同数の支持を得ていることになります。こうした場合でも，どちらかに決めなければなりませんから，とりあえず X が選ばれるものとしましょう。すると，表1.8のようになります。

残っているのは，プレーヤー1の選好は YX で，プレーヤー2の選好が XY である場合ですが，もしここで Y を選ぶことにすると，表1.9のようになります。

これで，2人が表明するすべての選好の組み合わせ（選好プロファイル）に対して結果を決める直接表明メカニズムが1つ決まりましたが，この場合，プレーヤー2の選好に関係なく，常にプレーヤー1が好む方の結果が選ばれる**独裁的なメカニズム**になっています。

また，このメカニズムでは，プレーヤー1は，プレーヤー2の選択に関係なく，自分の真の選好を正直に表明すれば常に第1希望の結果（選好が XY のときは X，YX のときは Y）が実現しますから，プレーヤー1にとって真の選好を表明することが**支配戦略**になっています。

プレーヤー2については，例えば，プレーヤー1が XY を表明した場合，XY を表明しても YX を表明しても同じ結果 X が実現しますから，どちらの選好を表明することも最適反応です。また，プレーヤー1が YX を表明した場合も，XY を表明しても YX を表明しても同じ結果 Y が実現しますから，どちらの選好を表明することも最適反応です。したがって，プレーヤー1の

表 1.7　2 人で 2 つの結果を決める場合

プレーヤー 1 ＼ プレーヤー 2	XY	YX
XY	X	
YX		Y

表 1.8　2 人で 2 つの結果を決める場合（続）

プレーヤー 1 ＼ プレーヤー 2	XY	YX
XY	X	X
YX		Y

表 1.9　独裁的なメカニズム

プレーヤー 1 ＼ プレーヤー 2	XY	YX
XY	X	X
YX	Y	Y

表 1.10　独裁的ではないメカニズム

プレーヤー 1 ＼ プレーヤー 2	XY	YX
XY	X	X
YX	X	Y

選択に関係なく，プレーヤー 2 にとって真の選好を表明することが支配戦略となります。したがって，この独裁的なメカニズムは**耐戦略的**です。

しかし，ここで表 1.10 のような，プレーヤー 1 の選好が YX で，プレーヤー 2 の選好が XY である場合に X を選ぶメカニズムを考えてみましょう。

この場合，どちらのプレーヤーも独裁者にはなっていないことに注意してください。2 人とも，Y を第 1 希望にしている場合に X が選ばれることがあるからです（プレーヤー 1 が YX でプレーヤー 2 が XY のときと，プレーヤー 1 が XY でプレーヤー 2 が YX のとき）。

では，このメカニズムが耐戦略的であることを確認してみましょう。まず，プレーヤー 1 の真の選好が XY のとき，正直にこの選好を表明すれば，プレーヤー 2 の選択に関係なく X が選ばれますが，選好を偽って YX を表明した場合，プレーヤー 2 が YX を表明した場合には Y が選ばれることになり，真

の選好 XY から見て第2希望の結果になってしまいます。したがって，プレーヤー1は，その真の選好が XY のときは，正直に XY と表明することが支配戦略になっています。

次に，プレーヤー1の真の選好が YX のとき，プレーヤー2が XY を表明した場合には，真の選好 YX を表明しても選好を偽って XY を表明しても同じ結果 X が選ばれますが，プレーヤー2が YX を表明した場合には，真の選好 YX を表明すれば Y が選ばれるのに対して，選好を偽って XY を表明すれば X が選ばれることになり，真の選好 YX から見て第2希望の結果になってしまいます。したがって，やはりプレーヤー1は，その真の選好が YX のときは，正直に YX と表明することが支配戦略になっています。

同様の議論により，プレーヤー2にとっても正直に真の選好を表明することが支配戦略になっていることを示すことができます。よって，表1.10の独裁的ではないメカニズムも耐戦略的です。こうして，結果が2つしかない場合には独裁的ではない耐戦略的なメカニズムが存在することがわかりました。

1.7.2　結果が3つの場合の不可能性定理

しかし，結果が3つ以上になると，耐戦略的なメカニズムは独裁的なものに限られます。このことを一般的に証明するには，やや込み入った議論が必要ですので，そのさわりの部分だけを次のような具体例を使って説明することにします。

いま，2人のプレーヤーがいて，3つの結果 X, Y, Z がある状況を考えます。ここで，X を Y より好み，かつ Y を Z より好むという選好を XYZ などと書くことにします（同順位はないものとします）。すると，こうした選好のあり方は，XYZ, XZY, YXZ, YZX, ZXY, ZYX の合計6通りあることになります。2人にはこれら6通りの選好を持つ可能性があり，そのすべての選好の組み合わせ（選好プロファイル）に対して，どちらのプレーヤーにとっても，真の選好を表明することが支配戦略になっているような，つまり，耐戦略的であるようなメカニズムは独裁的なものに限る，というのがギバード＝サタースウェイトの定理の主張でした。

まず，独裁的ではない耐戦略的なメカニズムであるものの，表1.11にあるような自明なメカニズムはあらかじめ除外します（この場合，メカニズム設計者が独裁者になるため）。なお，この場合，プレーヤーが表明する選好の組み合わ

表 1.11　自明な耐戦略的なメカニズム

プレーヤー 1 ＼ プレーヤー 2	XYZ	XZY	YXZ	YZX	ZXY	ZYX
XYZ	X	X	X	X	X	X
XZY	X	X	X	X	X	X
YXZ	X	X	X	X	X	X
YZX	X	X	X	X	X	X
ZXY	X	X	X	X	X	X
ZYX	X	X	X	X	X	X

表 1.12　自明ではない耐戦略的なメカニズム（プレーヤー 1 が独裁者）

プレーヤー 1 ＼ プレーヤー 2	XYZ	XZY	YXZ	YZX	ZXY	ZYX
XYZ	X	X	X	X	X	X
XZY	X	X	X	X	X	X
YXZ	Y	Y	Y	Y	Y	Y
YZX	Y	Y	Y	Y	Y	Y
ZXY	Z	Z	Z	Z	Z	Z
ZYX	Z	Z	Z	Z	Z	Z

せがどのようなものであろうとも，常に結果 X が選ばれることになります。したがって，各プレーヤーにとって，真の選好を表明することは（他の選好を表明するのと同様に）支配戦略になっています。

こうした自明なものを除いては，耐戦略的なメカニズムは独裁的なものに限られます。表 1.12 に示したのは，プレーヤー 1 が独裁者になっているような耐戦略的なメカニズムです。この場合，常にプレーヤー 1 にとって第 1 希望の結果を選んでいることがわかります。もちろん，これとは反対に，常にプレーヤー 2 にとって第 1 希望の結果を選ぶ独裁的なメカニズムもまた，耐戦略的になります。

この表 1.12 に記されたメカニズムが耐戦略的であることを確認してみましょう。まず，プレーヤー 1 の真の選好が XYZ あるいは XZY であるとき，このメカニズムでは，プレーヤー 1 が正直にこの真の選好を表明すれば，プレーヤー 2 が表明する選好がどれであっても，第 1 希望である結果 X が必ず選ばれます。したがって，この場合，プレーヤー 1 にとって真の選好を表明することが支配戦略であることがわかります。

次に，プレーヤー 1 の真の選好が YXZ あるいは YZX であるとき，プレーヤー1が正直にこの真の選好を表明すれば，プレーヤー2が表明する選好がどれであっても，第1希望である結果 Y が必ず選ばれるので，やはり，真の選好を表明することが支配戦略です。

最後に，プレーヤー1の真の選好が ZXY あるいは ZYX であるとき，プレーヤー1が正直にこの真の選好を表明すれば，プレーヤー2が表明する選好がどれであっても，第1希望である結果 Z が必ず選ばれるので，やはり，真の選好を表明することが支配戦略です。

今度は，プレーヤー2の場合を考えます。プレーヤー2から見ると，このメカニズムでは，プレーヤー1の表明する選好のどれに対しても，選ばれる結果は，プレーヤー2が選ぶどの選好でも同じです。例えば，プレーヤー1が XYZ あるいは XZY を表明するとき，プレーヤー2はどの選好を表明しても結果は必ず X になります。したがって，プレーヤー2にとっては，どの選好を表明しても同じ結果になるため，すべての選択が無差別です。よって，真の選好を表明することは（他の選好を表明するのと同様に）支配戦略になっています。

こうして，表1.12のメカニズムのもとでは，どちらのプレーヤーにとっても，真の選好を表明することが支配戦略になっているので，このメカニズムは耐戦略的です。説明は省略しますが，このほかにはプレーヤー2が独裁者になる場合以外に耐戦略的メカニズムは存在しません。

このように，結果が3つの場合には，耐戦略的なメカニズムは独裁的なものに限ることがわかりました。また，生じうる結果が1つか2つしかない場合には独裁的ではない耐戦略的なメカニズムが設計できましたが，現実の状況を考えると，生じうる結果が1つか2つしかないという状況はほとんどまれなので，自明なものを除いて，耐戦略的なメカニズムは独裁的なものしか設計できないというのは，非常に困った事態です。どうにかしてギバード＝サタースウェイトの定理から逃れるすべはないのでしょうか？

1.8　可能性定理

先ほど説明したギバード＝サタースウェイトの定理では，プレーヤーたちが持つ可能性のある**すべての**選好の組み合わせに対して耐戦略的なメカニズムは独裁的なものに限られることが示されたわけですが，ここで，この前提を少し

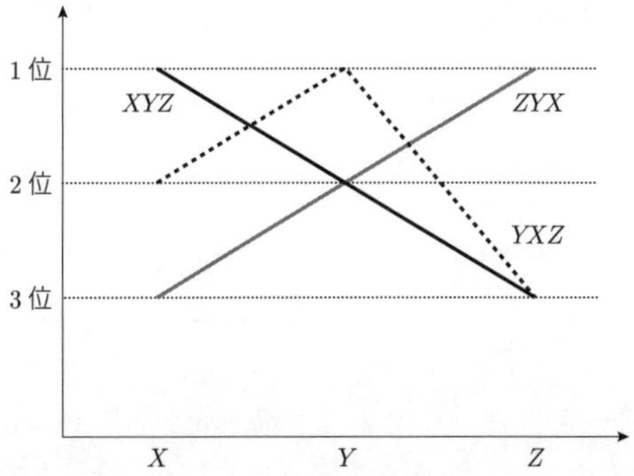

図 1.2　単峰的な選好の例

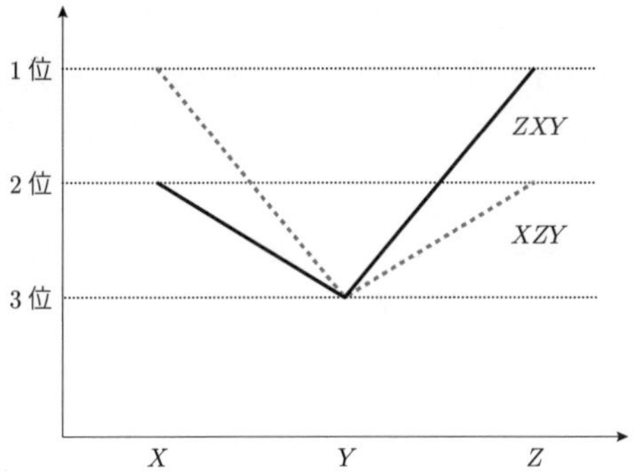

図 1.3　単峰的ではない選好の例

弱めてみます。つまり，すべての選好ではなく，プレーヤーが持ちうる選好に何らかの制限がある，という状況を考えてみましょう。

ここで，ダンカン・ブラックが提唱した**単峰性**（single-peakedness）という概念を説明します[2)]。プレーヤーの選好が単峰的であるとは，それぞれの結果に対する順位をグラフにした場合に，一番順位が高い結果（峰）が1つしかなく，そこから右の結果についても左の結果についても，その順位が単調に下がっていくようなグラフの形状であるということです。

いま横軸に3つの結果 X, Y, Z，縦軸にそれぞれに対する順位を1位，2位，3位としてグラフに表すと，例えば，XYZ や YXZ, ZYX という選好は，上の条件を満たしているので単峰的です（図 1.2）。

2）Black（1948/1958）.

表 1.13　独裁的ではない耐戦略的なメカニズム

プレーヤー1 ＼ プレーヤー2	XYZ	YXZ	YZX	ZYX
XYZ	X	X	X	X
YXZ	X	Y	Y	Y
YZX	X	Y	Y	Y
ZYX	X	Y	Y	Z

しかし，XZY や ZXY といった選好では，峰から右か左に向かって順位が単調に下がっておらず，言い換えるとグラフに谷ができるので，単峰的ではありません（図 1.3）。

そこで，プレーヤーが持ちうる選好をこのような単峰的なものだけに制限した場合を考えてみます。先ほどのギバード＝サタースウェイトの定理の説明と同様に，2人のプレーヤーがいて，3つの結果 X, Y, Z がある状況を考えます。この場合，可能な6通りの選好のうち，図 1.3 に示したように，XZY と ZXY とが単峰的ではないので，これらを各プレーヤーの選好から除外します。すると，この場合，例えば，表 1.13 にあるようなメカニズムは，独裁的ではない耐戦略的メカニズムになります。

例えば，プレーヤー1の真の選好が XYZ だとします。このとき，プレーヤー1は正直に XYZ を表明すれば，プレーヤー2がどのような選好を表明しようとも，常にプレーヤー1にとって第1希望の結果 X が必ず選ばれます。もし他の選好を表明すれば，X 以外の結果が選ばれる可能性があります。したがって，XYZ が真の選好であるプレーヤー1にとって，正直に XYZ を表明することが支配戦略です。

今度は，プレーヤー1の真の選好が YXZ あるいは YZX だとします。この場合，それぞれ真の選好を表明すれば，プレーヤー2が表明する選好が XYZ 以外のときには，プレーヤー1にとって第1希望の結果 Y が選ばれます。また，プレーヤー2が XYZ を表明した場合には，正直に真の選好を表明しても，他の選好を表明しても結果 X が選ばれるのでいずれも無差別です。よって，プレーヤー2の表明する選好に関係なく，正直に真の選好を表明することがプレーヤー1にとって支配戦略になっています。

最後に，プレーヤー1の真の選好が ZYX だとします。この場合，プレーヤー2が XYZ を表明した場合には，正直に真の選好を表明しても，他の選好を表明しても結果 X が選ばれるのでいずれも無差別です。プレーヤー 2 が YXZ あるいは YZX を表明した場合，プレーヤー 1 が正直に真の選好を表明すれば，プレーヤー 1 にとって第 2 希望の結果 Y が選ばれますが，それ以外の選好を表明しても同じく結果 Y になるか，あるいは第 3 希望の X になってしまいます。最後に，プレーヤー 2 が ZYX を表明した場合には，プレーヤー 1 が正直に真の選好を表明すれば，プレーヤー 1 にとって第 1 希望の結果 Z が選ばれます。したがって，プレーヤー 2 の表明する選好に関係なく，プレーヤー 1 にとって正直に真の選好 ZYX を表明することが支配戦略になっています。

プレーヤー 2 の場合も同様に考えれば，表 1.13 のメカニズムは，相手プレーヤーの選択に関係なく真の選好を表明することが支配戦略である耐戦略的メカニズムであることがわかります。

また，相手プレーヤーの選択に関係なく，可能なすべての選好に対して，常に自分にとって第 1 希望の結果が選ばれるような独裁者も存在しません。例えば，どちらのプレーヤーも，その真の選好が XYZ の場合は，相手プレーヤーの選択に関係なく常に自分にとって第 1 希望の結果 X が選ばれますが，真の選好がそれ以外の場合は，相手が XYZ を表明した場合には第 2 希望か第 3 希望の結果 X になるので，独裁者ではないということです。

このように，プレーヤーの選好が単峰性を満たすものだけであるという制限された状況を考えれば，独裁的ではない耐戦略的なメカニズムが設計可能なのです。

もちろん，現実にプレーヤーの選好がこのような単峰性を満たすものだけしかありえない状況を想定することが妥当かどうかという点には注意を払うべきだと思います。なお，マーケット・デザインの研究では，こうした単峰性のほかに，それとは別の制限のついた選好を前提とした議論を行う場合が多いです。それについては，次章で詳しく説明します。

付録　Python プログラム

＊ボルダ投票方式のプログラムは Web 付録に掲載しています。

プログラム 1.1　コンドルセの陪審定理のシミュレーション

コンドルセの陪審定理をシミュレーションによって検証するためのプログラムです。プログラムでは最初に，各プレーヤー i が正しい決定をする確率 p[i] を乱数によって決定しています（ただし，p[i]>0.5)。次に，3人の多数決の合議による決定が正しい割合を求めます。各プレーヤー i について，乱数 r が p[i] よりも小さいならば正しい決定をしたことになり，正しい決定をしたプレーヤーの数が2人以上なら合議による決定は正しいことになります。最後に，プレーヤーの中の1人を均等の確率で選び，そのプレーヤーが正しい決定をしたかどうかを調べ，正しい決定をした割合を求めています。

```
# Condorcet jury theorem

import random
# プレーヤーの数
N = 3
# 繰り返し回数
T = 1000

# 各プレーヤーが正しい決定をする確率
p = [0]*N
for i in range(N):
    r = 0
    while r<=0.5:
        r = random.random ()
    p[i]=r
    print ('プレーヤー',i+1,'の決定が正しい確率= ',p[i])

# 3人の合議による決定が正しい確率
q1 = 0
for i in range(T):
    v = 0
    # 各プレーヤーjが正しい決定=1，それ以外は0
    for j in range(N):
        r = random.random()
        if r < p[j]:
```

```
            v += 1
    # 多数決による3人の合議が正しい決定である回数
    if v > N/2:
        q1 += 1
# 正しい決定をした割合の計算
q1 = q1/T
print('3人の合議による決定が正しい確率= ',q1)

# 各プレーヤーの決定が正しい確率の平均
q2 = 0
for i in range(T):
    # プレーヤーの中から1人を選ぶ
    j = random.randint(0,2)
    # 選ばれたプレーヤーが正しい決定をした回数
    r = random.random()
    if r < p[j]:
        q2 += 1
# 正しい決定をした割合の計算
q2 = q2/T
print('各プレーヤーの決定が正しい確率の平均 = ',q2)
```

以下の実行例では，プレーヤー 1 の決定が正しい確率は 87.8%，プレーヤー 2 の決定が正しい確率は 71.6%，プレーヤー 3 の決定が正しい確率は 53.4% で，各プレーヤーの決定が正しい確率の平均は 69.5% になっています。一方，3 人の合議による決定が正しい確率は 79.8% であり，個別にはプレーヤー 1 の決定が正しい確率の方が高いですが，3 人の合議による決定の方が，各プレーヤーの決定が正しい確率の平均よりも大きく，コンドルセの陪審定理が成り立っていることが確認できます。

読者の皆さんも，投票に参加するプレーヤー数 N や投票の繰り返し回数 T を変えていろいろと試してみてください。

```
プレーヤー1の決定が正しい確率 = 0.8775526343261147
プレーヤー2の決定が正しい確率 = 0.7161145065228898
プレーヤー3の決定が正しい確率 = 0.5340605491076362
3人の合議による決定が正しい確率 = 0.798
各プレーヤーの決定が正しい確率の平均 = 0.695
```

プログラム 1.2　多数派判断方式

多数派判断方式で投票結果を決めるためのプログラムです。プログラムでは中央値を計算する関数 median を使用するため statistics モジュールを導入しています。次に，各投票者が各候補に付けたグレードを value というリストに設定しています。ここでは，**例 1.4** に与えられたグレードにしています。次に入力内容の確認のため，これらのグレードを画面に出力します。それから，それらのグレードを候補ごとにまとめたリスト c_eval を作成します。そのうえで，median 関数を使って候補ごとに中央値を求めます。一般的には，中央値が最大になる候補は複数存在する可能性があるので，中央値が最大になる候補すべてをリスト winner に収めています。リスト winner に収められたどの候補も同じ中央値ですので，その先頭の winner[0] の中央値を変数 med_win に収めています。最後に当選者とその中央値を表示しています。

```
# Majority judgement

import statistics

# 投票者の数
N = 5

# 候補の数
C = 4

# 各候補に対するグレード。上から順に投票者1，投票者2，……が付けたグレード。
# また，左から順に候補1，候補2，……に対するグレード。数値が高いほど得点が高い
value = [
    [7,2,6,3],
    [6,5,1,2],
    [2,3,7,6],
    [1,6,2,5],
    [4,3,1,2]
]
```

```
# 各候補に対するグレードの表示
for i in range(N):
    print('投票者',i+1,': ', end='')
    for j in range(C):
        print(value[i][j],' ', end='')
    print()

# 候補ごとに与えられたグレードのリスト作成
c_eval = [[0]*N for j in range(C)]
for j in range(C):
    for i in range(N):
        c_eval[j][i]=value[i][j]

# 各候補に対するグレードのメディアンを取得
print('中央値   : ', end='')
median = [0]*C
for i in range(C):
    median[i] = statistics.median(c_eval[i])
    print(median[i],' ', end='')
print()
print()

# 中央値が最大の候補者の集合
winner = [i for i, w in enumerate(median) if w == max(median)]

# 当選者のグレードの中央値
med_win = median[winner[0]]
print('当選者の中央値 = ',med_win)

# 当選者の出力
print('当選者: ',end='')
for i in range(len(winner)):
    print('候補',winner[i]+1,' ',end='')
print()
```

以下の実行例では，**例 1.4** の場合の各投票者のグレードをもとに，多数派判断方式で当選者を決定した場合を出力しています。

```
投票者 1 : 7 2 6 3
投票者 2 : 6 5 1 2
投票者 3 : 2 3 7 6
投票者 4 : 1 6 2 5
投票者 5 : 4 3 1 2
中央値   : 4 3 2 3

当選者の中央値 = 4
当選者: 候補 1
```

ここで，投票者3が2番目の候補に対するグレードを3から5に変えた場合を実行してみることにします。そのためには，プログラムの先頭にある投票者3のグレードの値を次のようにします。

```
value = [
    [7,2,6,3],
    [6,5,1,2],

    [2,5,7,6], （←2番目のグレードの値を5にする）

    [1,6,2,5],
    [4,3,1,2]
]
```

そのうえでプログラムを再度実行すると以下のような結果が得られます。当選者が候補2に変わったのが確認できると思います。

```
投票者 1 : 7 2 6 3
投票者 2 : 6 5 1 2
投票者 3 : 2 5 7 6
投票者 4 : 1 6 2 5
投票者 5 : 4 3 1 2
中央値   : 4 5 2 3

当選者の中央値 = 5
当選者: 候補 2
```

第2章 公共財供給とただ乗り問題

Introduction

前章では，マーケット・デザインの基礎概念を整理し，一般に，真の選好を正直に表明することが支配戦略になっている耐戦略的メカニズムは独裁的なものに限るというギバード＝サタースウェイトの定理を示しました。そのうえで，単峰性を満たすような選好に限定した場合には，独裁的ではない耐戦略的なメカニズムが設計可能であることを明らかにしました。

本章では，公共財供給問題に焦点を当て，単峰性以外に準線形の効用関数の場合にも独裁的ではない耐戦略的なメカニズムが設計可能であることを示していきます。

2.1 公共財

道路・公園・国防・外交・消防などのように，その財やサービスの利用が非排除的（non-excludability）でかつ非競合的（non-rivalness）であるものを（純粋）公共財（public goods）といいます。

ここで，財やサービスの利用が非排除的であるとは，財やサービスに対する利用料（価格）を支払わない人の利用を排除できない，あるいは排除することが不可能なほどの費用がかかることを意味します。公共の公園や一般の道路は，利用料なしに誰でも利用できます（あるいは，料金所を設けて管理しようとすれば大変な費用がかかります）。したがって，こうした財やサービスは非排除的です。

また，競合的とは，誰かがその財やサービスを利用すると，別の人のその財やサービスの利用に制限がかかることを意味します。逆に，追加的な供給費用（限界費用）なしに利用したい人が誰でもその財やサービスを利用できるとき，言い換えれば，限界費用が利用者数に関係なく一定であるときには非競合的といいます。

次に，こうした公共財を最適に（つまり，パレート効率的に）供給するための条件について考えてみます。いまある水準 G の公共財が供給されるとします。公共財は非排除的なので，プレーヤー全員がこの公共財を利用し，各プレーヤー i はそこから便益（効用）$v_i(G)$ を得ることができます。一方，公共財は非競合的なので，その供給費用 $c(G)$ は，利用するプレーヤーの数に関係なく，供給する公共財の水準 G のみで決まります。したがって，公共財の供給を1単位増加したときの各プレーヤー i が得る便益の増加分（限界便益）$v_i'(G)$ をすべてのプレーヤーについて合計した値 $\sum_i v_i'(G)$ と，公共財1単位を追加的に供給した場合の費用の増加分（限界費用）$c'(G)$ がちょうど等しくなるような水準の公共財を供給することが最適になります。

実際，公共財から得られる便益をすべてのプレーヤーについて合計した値 $\sum_i v_i(G)$ から公共財の供給費用 $c(G)$ を引いた値

$$\sum_i v_i(G) - c(G) \tag{2.1}$$

を最大にすれば，すべてのプレーヤーにとって便益が最大になります。そのための条件を求めるために，この式 (2.1) を公共財の供給量 G で微分してゼロと置けば，

$$\sum_i v_i'(G) = c'(G) \tag{2.2}$$

となります。この式の左辺は各プレーヤーが公共財から得る限界便益の総和，右辺は公共財供給の限界費用であり，この両者が等しいときに効率的な公共財の供給が実現されるということをこの式は意味しています。この式 (2.2) をボーエン＝サミュエルソン条件（Bowen-Samuelson's condition）といいます。

■ 例 2.1　ボーエン＝サミュエルソン条件の例

いま２人のプレーヤー１と２がいて，それぞれの公共財から得られる便益は $v_1(G) = v_2(G) = \sqrt{G}$，公共財の生産費用は $c(G) = 0.5G$ だと仮定すると，

$$v_1'(G) + v_2'(G) = \frac{1}{2\sqrt{G}} + \frac{1}{2\sqrt{G}} = \frac{1}{\sqrt{G}}$$
$$c'(G) = 0.5$$

となり，先ほどのボーエン＝サミュエルソン条件によれば，この両者が等しいので，以下の式が得られます。

$$\frac{1}{\sqrt{G}} = 0.5$$

これを G について解けば $G = 4$ となり，これがこの場合のパレート効率的な公共財供給量となります。このとき，各プレーヤーは公共財から $v_1(4) = v_2(4) = \sqrt{4} = 2$ という便益を得ることになります。

先ほどのボーエン＝サミュエルソン条件は，パレート効率的な公共財供給量を定めるものでしたが，当然誰かがこの公共財の供給費用を負担しないかぎり，実際には公共財は供給できません。そこで，各プレーヤー i の私的財の初期保有 ω_i から x_i を公共財供給費用の負担額として徴収することを考えます。このとき，すべてのプレーヤーから徴収した負担額の合計 $\sum_i x_i$ が G という水準の公共財を供給するために必要な費用 $c(G)$ より少なければ供給できませんし，多すぎれば予算が余ってしまいます。そこで，この両者がちょうど等しいとき，つまり，

$$\sum\nolimits_i x_i = c(G) \tag{2.3}$$

を満たすとき，G という水準の公共財を供給するのにちょうどぴったりの金額を徴収できたことになります。これを**予算均衡条件**（budget balance condition）といいます。

■ 例 2.2 予算均衡条件の例

先ほどの**例 2.1** と同じ状況を考えます。この場合，ボーエン＝サミュエルソン条件を満たす効率的な公共財供給水準は $G = 4$ でした。この水準の公共財を供給するためには，供給費用が $c(G) = 0.5G$ だったので，$c(4) = 2$ となります。したがって，プレーヤー 1 と 2 から徴収する負担額の合計 $x_1 + x_2$ が 2 と等しくなるようにすれば，予算均衡条件が満たされます。例えば，均等に費用負担さ

せるとすれば，$x_1 = x_2 = 1$となります。この場合，各プレーヤーは公共財から2の便益を得て費用を1負担するので，差し引きして1の純利益を得ることになります。

結局，ボーエン＝サミュエルソン条件（式(2.2)）と予算均衡条件（式(2.3)）の両方を満たすような水準の公共財を供給することがパレート効率的であるということになります。

しかし，こうした公共財は市場で私的に供給されることはありません。なぜなら，一度公共財が誰かの費用負担によって供給されると，その公共財の供給に対して何の費用負担もしなかった人までもが利用できるため，誰も公共財供給の負担を行いたくないからです。これを**ただ乗り問題**（free rider problem）といいます。

2.2 公共財自発的供給メカニズム

2.2.1 ただ乗り問題と公共財自発的供給メカニズム

次に，ただ乗り問題について，**公共財自発的供給メカニズム**（**VCM**：voluntary contribution mechanism）を使って説明していきます。このVCMは経済実験でただ乗り問題の検証をするためによく使用される単純なゲームです。それは，以下のようなメカニズムになっています。

公共財自発的供給メカニズム

ステップ1　各プレーヤーiはそれぞれ初期保有w_iから公共財への貢献額x_iを決定します。

ステップ2　公共財供給量Gは，公共財に貢献された額の総和$\sum_i x_i$と等しい値に決定されます。

ステップ3　各プレーヤーiには公共財供給量Gのα倍の便益がもたらされます。ただし，$1/n < \alpha < 1$とします。

ここで，公共財の供給に関わるプレーヤーの1グループ当たりのメンバー

数を n 人とします。各プレーヤー i はそれぞれ初期保有 ω_i として，ある一定の私的財（所持金）を保有しています。各プレーヤー i はそれぞれの初期保有から公共財に貢献する額 x_i を決定します。公共財に貢献された額の総和 $G = \sum_i x_i = x_1 + x_2 + \cdots + x_n$ がそのまま公共財供給量となります。公共財供給費用は $c(G) = G$ とします。

各プレーヤー i には，公共財供給量 G の α 倍の便益がもたらされます。つまり，各プレーヤー i にとっての公共財からの便益は $v_i(G) = \alpha G$ ということになります。ただし，この限界便益 α には $1/n < \alpha < 1$ という条件を付けられています。なお，この条件は，各プレーヤーともに公共財からの便益 G を n 人で均等割り（$1/n$）したよりは高い割合の便益 α を得ることができる一方，公共財からの便益を独り占めするほど高い割合（$\alpha = 1$）でもないということを意味します（$\alpha = 1$ ならば $v_i(G) = G$ となるので）。

■ 例 2.3 公共財自発的供給メカニズムの数値例

いま，4 人のプレーヤーがいるとします。各プレーヤー i は初期保有として 10 単位の私的財を持っているとします（$\omega_i = 10$）。また，公共財からの限界便益は $\alpha = 0.6$ とします。$n = 4$ のとき $1/4 = 0.25$ ですので，α に関する条件 $1/n < \alpha < 1$ は満たされています。

ここで，プレーヤー 1 が 5 単位，プレーヤー 2 が 4 単位，プレーヤー 3 が 0 単位，プレーヤー 4 が 8 単位，それぞれ公共財に貢献したとします。すると，貢献額の合計は 17 になりますので，公共財の供給水準は $G = 17$ となり，各プレーヤーには $\alpha G = 0.6 \times 17 = 10.2$ という値の公共財からの便益がもたらされます。

最終的には，プレーヤー 1 は 10 単位の初期保有から 5 単位を公共財に貢献したうえで 10.2 の公共財からの便益を受け取るので，プレーヤー 1 は 15.2 の利得となります。同様にして，プレーヤー 2 は 16.2，プレーヤー 3 は 20.2，プレーヤー 4 は 12.2 の利得となります。

さて，VCM の場合，各プレーヤーが公共財から受けとる限界便益の和は

$$\sum_i v_i'(G) = \alpha + \alpha + \cdots + \alpha = \alpha n$$

であり，また限界費用は

$$c'(G) = 1$$

となるので，ボーエン＝サミュエルソン条件は

$$\sum_i v_i'(G) = c'(G) \Longleftrightarrow \alpha = \frac{1}{n}$$

となります。しかし，$1/n < \alpha$ という条件があるので，VCM のもとでは上記のボーエン＝サミュエルソン条件が満たされないということになります。つまり，VCM のもとでは効率的な公共財供給は達成できません。

なお，VCM では，公共財供給費用 $c(G) = G$ に対して $G = \sum_i x_i$ をプレーヤーから徴収するため，**予算均衡条件** $\sum_i x_i = c(G)$ は満たされています。

結果 2.1　VCM のもとではボーエン＝サミュエルソン条件は満たされないが，予算均衡条件は満たされる

次に，この VCM における均衡を考えてみます。まず，私的財と公共財両方を含めた各プレーヤー i の利得 π_i は，以下の式 (2.4) のようになります。

$$\pi_i = \omega_i - x_i + \alpha G = \omega_i - x_i + \alpha \sum_i x_i$$
$$= \omega_i - x_i + \alpha(x_1 + \cdots + x_i + \cdots + x_n) \qquad (2.4)$$

ここで，プレーヤー i が他のプレーヤーの行動を固定した状態で，公共財へ x_i という額の貢献を行えば，自分の初期保有が減る代わりに $(-x_i)$，プレーヤー i 自身が公共財から得る便益が αx_i だけ増加します。したがって，

$$\alpha x_i - x_i = x_i(\alpha - 1)$$

がそうした貢献から得られる純便益ですが，α に関する条件 $\alpha < 1$ より $\alpha - 1 < 0$ なので，$x_i(\alpha - 1) < 0$ となります。つまり，公共財へ貢献をすることでプレーヤー i の利得は減少します。これは，$x_i > 0$ であるようなどのような額についてもそうなります。

そのため，他のプレーヤーがたとえどれだけの額を公共財に貢献しようとも，各プレーヤー i にとって公共財へは何も貢献しないこと，つまり，$x_i = 0$ が自分１人のことだけを考えれば最適であることがわかります。

言い換えれば，各プレーヤー i にとって $x_i = 0$ が個人的には**支配戦略**になります。したがって，すべてのプレーヤーがこの支配戦略をプレーする支配戦

略均衡では，公共財はいっさい供給されないことになります。

ここで，もし各プレーヤー i が自分の利得だけではなく，グループ全体の利得を最大化することを考えていたらどうなるでしょうか。言い換えれば，各プレーヤー i がパレート効率的な配分を求めているとしたら，どうなるでしょうか。まず，グループ全体の利得の合計は，以下の式 (2.5) になります。

$$\sum_i \pi_i = \sum_i \omega_i - \sum_i x_i + \alpha n \sum_j x_j \tag{2.5}$$

そこで，他のプレーヤーの行動を固定した状態で，プレーヤー i が公共財へ x_i という額の貢献を行えば，自分の初期保有が減る代わりに $(-x_i)$，プレーヤー全員が公共財から得る便益の合計が $\alpha n x_i$ だけ増加します。したがって，

$$\alpha n x_i - x_i = x_i(\alpha n - 1)$$

がそうした貢献から得られるプレーヤー全員の便益の総和ですが，α に関する条件 $1/n < \alpha$ より $\alpha n - 1 > 0$ なので，$x_i(\alpha n - 1) > 0$ となります。つまり，公共財へ貢献をすることでプレーヤー全員が公共財から得る便益の合計は増加します。そのため，他のプレーヤーがたとえどれだけの額を公共財に貢献しようとも，各プレーヤー i にとって公共財へ自分の初期保有全額を貢献する $x_i = \omega_i$ がプレーヤー全体のことを考えれば最適であることがわかります。

言い換えれば，各プレーヤー i にとって $x_i = \omega_i$ が全体的には**支配戦略**になります。すべてのプレーヤーがこの支配戦略をプレーする支配戦略均衡では，プレーヤー全員の利得合計が最大化されるパレート効率的な水準の公共財が供給されることになります。

このように，各プレーヤー i が自分の利得だけを最大化するのか，グループ全体の利得合計を最大化するのかによって，その支配戦略が変わってきます。

このような VCM の利得構造は，囚人のジレンマ・ゲームと同様に，個人的利益の最大化と全体的利益の最大化との間に乖離がある**社会的ジレンマ**の構造を持っています。

なお，Web 付録に VCM に関する Python プログラムを掲載していますので，読者の皆さんもぜひ自分自身で動かして，ここで述べたことを数値的に確かめてみてください。

2.2.2　単純化されたVCM

ここで，このVCMにおいて，2人のプレーヤーが公共財に何も貢献しない $x_i = 0$ と初期保有全額を貢献する $x_i = \omega_i$ の2つの戦略しか選べないものとすると，この単純化されたVCMは以下の表2.1のような 2×2 ゲームとして表現できます。なお，ここで2人の初期保有は等しいとします（$\omega_1 = \omega_2$）。

ここで，プレーヤー2が $x_2 = \omega_2$ を選ぶとき，プレーヤー1が $x_1 = \omega_1$ を選べば $\alpha(\omega_1+\omega_2)$ の利得であるのに対し，$x_1 = 0$ を選べば $\omega_1+\alpha\omega_2$ の利得になります。$\alpha < 1$ なので，$x_1 = 0$ を選んだ方がプレーヤー1の利得は高くなります。また，プレーヤー2が $x_2 = 0$ を選ぶとき，プレーヤー1が $x_1 = \omega_1$ を選べば $\alpha\omega_1$ の利得であるのに対し，$x_1 = 0$ を選べば ω_1 の利得になります。$\alpha < 1$ なので，$x_1 = 0$ を選んだ方がプレーヤー1の利得は高くなります。結局，プレーヤー1はプレーヤー2がどちらの戦略を選ぼうとも，常に $x_1 = 0$ を選ぶことで高い利得を獲得できます。すなわち，$x_1 = 0$ がプレーヤー1にとって支配戦略になっています。

このゲームの利得構造は両方のプレーヤーにとって対称的なので，同様の議論により，プレーヤー2にとっても $x_2 = 0$ が支配戦略になっています。したがって，$(x_1 = 0,\ x_2 = 0)$ という戦略の組み合わせが支配戦略均衡になります。

次に，2人がともに初期保有全額を貢献する（$x_1 = \omega_1,\ x_2 = \omega_2$）という戦略の組み合わせのもとで得られる2人の利得の組み合わせ（$\alpha(\omega_1 + \omega_2),\ \alpha(\omega_1 + \omega_2)$）を考えてみます。例えば，プレーヤー1については，$\alpha > 1/n$ と $n = 2$ より $\alpha > 1/2$ であり，2人の初期保有は等しい（$\omega_1 = \omega_2$）ので，

$$\alpha(\omega_1 + \omega_2) = \alpha \times 2\omega_1 > \omega_1$$

となります。つまり，2人がともに初期保有全額を貢献する場合の方が支配戦

表2.1　単純化された公共財自発的供給メカニズムの利得表

プレーヤー1 ＼ プレーヤー2	$x_2 = \omega_2$	$x_2 = 0$
$x_1 = \omega_1$	$\alpha(\omega_1 + \omega_2),\quad \alpha(\omega_1 + \omega_2)$	$\alpha\omega_1,\quad \omega_2 + \alpha\omega_1$
$x_1 = 0$	$\omega_1 + \alpha\omega_2,\quad \alpha\omega_2$	$\omega_1,\quad \omega_2$

略均衡の場合よりもプレーヤー1にとって利得が高くなります。プレーヤー2についても同様のことがいえます。

つまり，個人的に利得最大化を目指した場合に得られる利得は，全体の利得合計を最大化する場合に得られる利得よりも小さくなります。しかし，ゲーム理論で伝統的に仮定される利己的・合理的な人間像のもとでは，各プレーヤーが全体の利得合計を最大化する行動を選択することは期待できず，公共財に誰も貢献しないただ乗り問題が発生するということが予測されます。

こうして，誰もが公共財が供給されることが望ましいとわかっているにもかかわらず，誰も自分からは貢献しないことになります。言い換えれば，公共財自発的供給メカニズムのもとでは，誰も公共財に対する真の選好を表明しないということです。つまり，ただ乗り問題の本質は，VCM が耐戦略的ではないということにあります。

2.3 リンダール・メカニズム

先ほどは，公共財自発的供給メカニズム（VCM）のもとでは，ボーエン＝サミュエルソン条件が満たされておらず，公共財が効率的に供給されないことがわかりました。

また，全員がその初期保有全額を貢献すればパレート効率的な公共財の供給が可能であるにもかかわらず，各プレーヤーが個人の利得最大化を目指す結果，誰も公共財に貢献しないというただ乗り行動が支配戦略になることもわかりました。

そこで，こうした結果を受けて，ボーエン＝サミュエルソン条件を満たすようなメカニズムを設計することを考えてみます。歴史的には，クヌート・ヴィクセル（1851-1926）やエリック・リンダール（1891-1960）といった経済学者がこの問題に最初に取り組みました。

ヴィクセルは，公共財を供給する政府が n 人のプレーヤーに対して公共財供給量 G と（予算均衡条件を満たすような）各プレーヤー i の負担額の組み合わせ $x = (x_1, x_2, \cdots, x_n)$ を提案し，それを全員一致投票にかけるというメカニズムを考えました。投票の結果，1人でも反対するプレーヤーがいれば，公共財供給量 G や各プレーヤー i の負担額の組み合わせ x を変更し，再度全員一致投票にかけます。このプロセスを全員一致するまで繰り返せば，最終的に得られる結果はパレート効率的な結果になっているはずです。なぜなら，そのときの公共財供給量 G と各プレーヤー i の負担額の組み合わせ x はともに全員一致で支持されているからです（投票の文脈では全員一致とパレート効率性は同値になります）。

しかし，このようなヴィクセルのメカニズムでは，各プレーヤーの選好を知らない政府が提案することになるので，いつまで経っても全員一致となる提案が見つからず，何度も投票を繰り返さなければならないかもしれません。

そこで，リンダールは市場での価格調整にヒントを得た，もっと効果的なメカニズムを設計しました。それが以下の**リンダール・メカニズム**です。

リンダール・メカニズム

ステップ1　政府は各プレーヤー i に対して個別に，公共財供給費用 $c(G)$ に対する負担割合 q_i を提示します。ただし，負担割合の合計は $\sum_i q_i = 1$ を満たすものとします。

ステップ2　各プレーヤー i は負担割合 q_i を所与として，自分にとって望ましい公共財の供給水準 G_i について政府に伝えます。

ステップ3　政府は，各プレーヤー i が表明した公共財供給量 G_i がすべて一致した場合，すなわち，$G_1 = G_2 = \cdots = G_n = G^*$ のとき，G^* という水準の公共財を供給することに決定し，各プレーヤー i からは $x_i = q_i c(G^*)$ の負担額を徴収し，終了します。

もし，1人でも異なる公共財供給量 G_i を表明した場合には，低い値の G_i を表明したプレーヤーの負担割合 q_i を下げ，高い値の G_i を表明したプレーヤーの負担割合 q_i を上げるという形で負担割合を変更して，ステップ1に戻ります。ただし，負担割合の合計は $\sum_i q_i = 1$ を満たすものとします。

こうして，ステップ3で終了したときの公共財供給量 G^* と各プレーヤー i の負担割合の組み合わせ $q^* = (q_1^*, q_2^*, \cdots, q_n^*)$ とを組にした (G^*, q^*) を**リンダール均衡**といいます。

なお，このリンダール・メカニズムのステップ3で，各プレーヤーの表明する公共財の水準が一致しない場合に，各プレーヤーに対する費用負担割合をどのように更新すべきかについては，基本的な方針だけしか記されていません。その意味では，これは第1章で定義した意味での**メカニズム**であって，具体的な費用負担割合の更新ルールを定めたアルゴリズムではない，ということになります。言い換えれば，費用負担割合の更新ルールは，このメカニズムのデザイナーの裁量に任されているということになります。しかし，そのような具体的なアルゴリズムが与えられていなくても，リンダール・メカニズムが持つさまざまな重要な性質を示すことができます。

まず，このリンダール・メカニズムのもとでは，公共財供給費用 $c(G)$ に対する各プレーヤー i の負担割合 q_i の合計は $\sum_i q_i = 1$ を満たすので，各プレーヤー i から徴収する負担額 $x_i = q_i c(G)$ の合計は，

$$\sum_i x_i = \sum_i q_i c(G) = q_1 c(G) + q_2 c(G) + \cdots + q_n c(G) = c(G)$$

となるので，常に式 (2.3) の**予算均衡条件**を満たします。

次に，各プレーヤー i は負担割合 q_i を所与として自分にとって望ましい公共財の供給水準 G_i を選択するので，公共財から得られる便益 $v_i(G_i)$ から負担額 $x_i = q_i c(G_i)$ を引いた利得 $v_i(G_i) - q_i c(G_i)$ を最大にするような G_i を選択するはずです。つまり，この利得を G_i で微分してゼロと置いた，以下の式 (2.6) を満たすような G_i を選択します。

$$v_i'(G_i) = q_i c'(G_i) \tag{2.6}$$

ここで，各プレーヤー i が表明した公共財供給量がすべて G^* と一致した場合に，この式 (2.6) の両辺をそれぞれすべてのプレーヤーについて合計すると，$\sum_i q_i^* = 1$ から，

$$\sum_i v_i'(G^*) = \sum_i q_i^* c'(G^*) = c'(G^*)$$

となり，これは式 (2.2) の**ボーエン＝サミュエルソン条件**にほかなりません。

このように，リンダール均衡のもとでは，ボーエン＝サミュエルソン条件および予算均衡条件がともに満たされるので，公共財が効率的に供給されることになります。

結果 2.2　リンダール・メカニズムのもとでは，ボーエン＝サミュエルソン条件および予算均衡条件がともに満たされる

リンダール・メカニズムでは，各プレーヤー i の負担割合 q_i だけを変化させていけばよいので，同時に公共財の供給水準 G まで変化させなければなら

ないヴィクセルのメカニズムと比べると，より容易にリンダール均衡へ収束するものと予想されます。とはいえ，参加するプレーヤーの数 n が大きくなると，適切な負担割合 q_i を発見する作業は難航することが予想されます。

また，リンダール・メカニズムのもとでは，各プレーヤー i には公共財に対する需要を過少申告するインセンティブ，すなわち，ただ乗り行動が生じうることを示すことができます。

■ 例 2.4　リンダール均衡とただ乗り問題の例

いま簡単化のため，公共財供給の限界費用は $c'(G) = 1$ とします。また，この経済には2人のプレーヤー1と2だけがいるとします。すると，式 (2.6) から，各プレーヤーは，与えれた負担割合のもとで以下の式を満たすような公共財の供給水準 G_1, G_2 をそれぞれ選ぶことになります。

$$v_1'(G_1) = q_1$$

$$v_2'(G_2) = q_2$$

一般に，負担割合（価格）が増加すれば，各プレーヤーが表明する（需要する）公共財の水準は減少するはずです。ここで，縦軸にプレーヤー1の負担割合 q_1，横軸に公共財の供給水準 G をとって2人のプレーヤーの限界便益 $v_1'(G)$，$v_2'(G)$ を図示すると，以下の図2.1になります。なお，$\sum_i q_i = 1$ から $q_2 = 1 - q_1$ ですので，プレーヤー2の負担割合 q_2 は，プレーヤー1の負担割合 q_1 が増えるに従って減少していくので，プレーヤー2の限界便益はプレーヤ

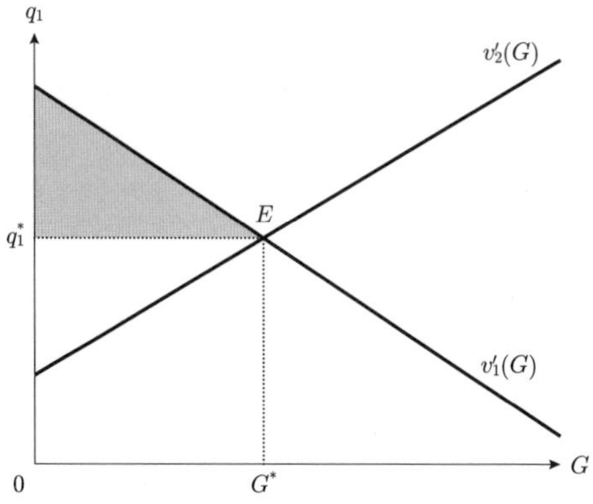

図 2.1　リンダール均衡

ー1の負担割合 q_1 が増加するに従って増加していくことに注意してください。

ここで，2人のプレーヤーの限界便益を表す直線が交わる点 E がリンダール均衡 (G^*, q^*) になります。ただし，図には表されていませんが，$\sum_i q_i^* = 1$ から $q_2^* = 1 - q_1^*$ です。

また，このときのプレーヤー1の利得は，市場理論における消費者余剰と同様に考えれば求められます。つまり，プレーヤー1は限界便益 $v_1'(G)$ が負担割合 q_1^*（プレーヤーの個別価格）よりも大きいかぎり公共財を需要し，限界便益が負担割合と等しくなる水準（G^*）まで公共財を需要します。このとき，限界便益と負担割合の差額 $v_1'(G) - q_1^*$ を実際に需要する公共財の水準 G^* まで足し合わせたものがプレーヤーの受け取る利得（余剰）になります。これは，プレーヤー1の限界便益を表す曲線 $v_1'(G)$ と縦軸，それに q_1^* から水平に引いた直線で囲われる三角形の面積になります（図2.1中のグレー部分）。

さて，ここで，プレーヤー2は正直に自分自身の限界便益曲線 $v_2'(G)$ に基づいて公共財の水準を表明しますが，プレーヤー1が自分の真の限界便益曲線 $v_1'(G)$ を偽って公共財の水準を表明した場合を考えてみましょう。具体的には，プレーヤー1が自分の限界便益曲線を $w_1'(G)$ だと偽った場合を考えてみます（図2.2）。

この場合，$w_1'(G)$ と $v_2'(G)$ との交点 F がリンダール均衡 (G', q') になります。元のリンダール均衡 E と比べると，公共財の供給水準が G^* から G' に下がっていますが，プレーヤー1の負担割合も q_1^* から q_1' に下がっています。このときのプレーヤー1の利得は，図中のグレーの台形の面積となります。

さて，プレーヤー1の利得は，先ほどの図2.1のときと比べて，三角形 HGE

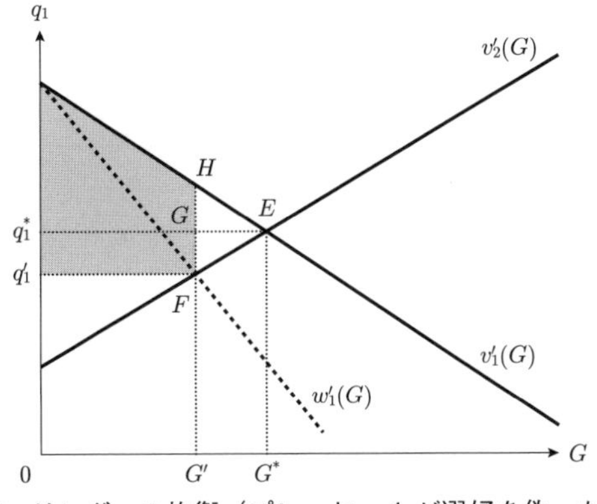

図2.2 リンダール均衡（プレーヤー1が選好を偽った場合）

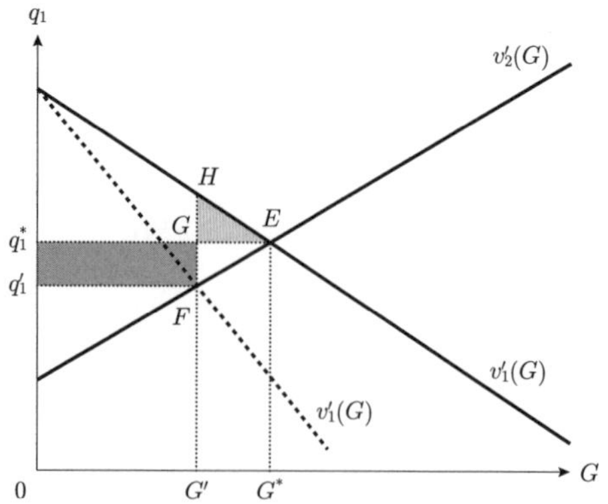

図2.3　リンダール均衡（プレーヤー1が選好を偽った場合）

の分だけ減りましたが，四角形 $q_1^* q_1' FG$ の分だけ増えています。前者は図2.3の薄いグレー部分，後者は濃いグレー部分です。G' が G^* に十分近ければ，後者の方が前者よりも大きいはずです。

したがって，プレーヤー1は，リンダール・メカニズムのもとで，公共財への需要を低く表明した方がその利得を大きくできます。つまり，選好を偽るインセンティブがあることになります。

このように，リンダール・メカニズムは耐戦略的ではないのです。

例2.5　リンダール均衡の数値例

例2.4で図解した状況をここでは数値例で考えてみます。いま2人のプレーヤー1と2それぞれの公共財から得られる便益は，定数 $a_1, a_2 > 0$ に対して，**例2.4**と同様に限界便益が直線となるように，

$$v_1(G) = G - 0.5a_1 G^2$$

$$v_2(G) = G - 0.5a_2 G^2$$

とし，また，公共財の供給費用は $c(G) = G$ とします。公共供給に対するプレーヤー1と2の費用負担割合はそれぞれ q_1, q_2 で，$q_1 + q_2 = 1$ を満たすものとします。このとき，プレーヤー1の利得は $v_1(G) - q_1 c(G)$ なので，この利得を最大にする公共財の水準は，以下の式を解いた答えになります。

$$v_1'(G) - q_1 c'(G) = 0$$

実際に与えられた便益と費用の関数形を代入して整理すれば,

$$1 - a_1 G = q_1 \tag{2.7}$$

となります。同様にして，プレーヤー 2 についても，$v_2'(G) = q_2 c'(G)$ に便益と費用の関数形を代入すれば,

$$1 - a_2 G = q_2 \tag{2.8}$$

となります。ここで，式 (2.7) と (2.8) の辺々を足し合わせて G について解けば,

$$G^* = \frac{1}{a_1 + a_2}$$

となり，これがリンダール均衡における公共財の供給水準になります。この G^* を式 (2.7) と (2.8) に代入すれば,

$$\begin{aligned} q_1^* &= 1 - \frac{a_1}{a_1 + a_2} = \frac{a_2}{a_1 + a_2} \\ q_2^* &= 1 - \frac{a_2}{a_1 + a_2} = \frac{a_1}{a_1 + a_2} \end{aligned}$$

がそれぞれのプレーヤーのリンダール均衡における費用負担割合になります。また，各プレーヤーのリンダール均衡における利得はそれぞれ以下のようになります。

$$\begin{aligned} v_1(G^*) - q_1^* c(G^*) &= G^* - 0.5 a_1 G^{*2} - q_1^* G^* \\ &= \frac{a_1}{a_1 + a_2}\left(\frac{1}{a_1 + a_2}\right) - 0.5 a_1 \left(\frac{1}{a_1 + a_2}\right)^2 \\ v_2(G^*) - q_2^* c(G^*) &= G^* - 0.5 a_2 G^{*2} - q_2^* G^* \\ &= \frac{a_2}{a_1 + a_2}\left(\frac{1}{a_1 + a_2}\right) - 0.5 a_2 \left(\frac{1}{a_1 + a_2}\right)^2 \end{aligned} \tag{2.9}$$

いま，ここでプレーヤー 1 が真の選好を偽って，以下の便益関数に従って公共財への需要を表明したとします。ただし，**例 2.4** と同様に w_1 の方が v_1 より傾きが大きくなるように $\theta > a_1$ とします。

$$w_1(G) = G - 0.5\theta G^2$$

この利得を最大にする公共財の水準は，以下の式を解いた答えになります。

$$w_1'(G) = q_1 c'(G)$$

実際に与えられた便益と費用の関数形を代入すれば，

$$1 - \theta G = q_1 \tag{2.10}$$

となります。この式 (2.10) と式 (2.8) 辺々を足し合わせて G について解けば，

$$G^{**} = \frac{1}{\theta + a_2}$$

となり，これがリンダール均衡における公共財の供給水準になります。この G^{**} を式 (2.10) に代入すれば，

$$q_1^{**} = 1 - \frac{\theta}{\theta + a_2} = \frac{a_2}{\theta + a_2}$$

がプレーヤー１のリンダール均衡における費用負担割合になります。また，プレーヤー１のリンダール均衡における利得は，上記のリンダール均衡での値をプレーヤー１の真の選好に代入した以下のようになります。

$$\begin{aligned} v_1(G^{**}) - q_1^{**}c(G^{**}) &= G^{**} - 0.5a_1 G^{**2} - q_1^{**}G^{**} \\ &= \frac{\theta}{\theta + a_2}\left(\frac{1}{\theta + a_2}\right) - 0.5a_1\left(\frac{1}{\theta + a_2}\right)^2 \end{aligned} \tag{2.11}$$

プレーヤー１が選好を偽った場合の利得を表すこの式 (2.11) と，真の選好のもとでの利得を表す式 (2.9) と比べてみます。簡単化のため，$a_1 = a_2 = 1$ とします。また，仮定より $\theta > a_1 = 1$ です。このとき，式 (2.9) は，

$$\frac{a_1}{a_1 + a_2}\left(\frac{1}{a_1 + a_2}\right) - 0.5a_1\left(\frac{1}{a_1 + a_2}\right)^2 = \frac{1}{8}$$

一方，式 (2.11) は，

$$\frac{\theta}{\theta + a_2}\left(\frac{1}{\theta + a_2}\right) - 0.5a_1\left(\frac{1}{\theta + a_2}\right)^2 = \left(\frac{1}{\theta + 1}\right)^2(\theta - 0.5)$$

となり，ここで例えば $\theta = 1.5$ とすると，選好を偽った場合の利得は $4/25 = 0.16$ となり，真の選好に従って公共財への需要を表明した場合の利得 $1/8 = 0.125$ よりも大きいということがわかります。

つまり，リンダール・メカニズムは**耐戦略的**ではないのです。

なお，**例 2.5** において，一般に n 人のプレーヤーがいる場合，各プレーヤ

ー i の公共財からの便益が同様に 2 次関数で

$$v_i(G) = G - 0.5a_iG^2$$

で表され，公共財供給費用が

$$c(G) = G$$

であるとすると，この場合の公共財供給水準は

$$G^* = \frac{n-1}{\sum_i a_i}$$

となり，各プレーヤー i の費用負担割合は

$$q_1^* = 1 - a_iG^*$$

になります。この場合のリンダール均衡を計算する Python プログラムを Web 付録に示しましたので，読者の皆さんも自分自身でいろいろな値を設定して検討してみてください。

2.4 ボーエン・メカニズム

これまで見てきたように，自発的供給メカニズム（VCM）はそもそもパレート効率的に公共財供給するための条件であるボーエン＝サミュエルソン条件を満たしておらず，また公共財に対する需要（選好）を偽るインセンティブ（ただ乗り行動）がありました。リンダール・メカニズムは，ボーエン＝サミュエルソン条件と同時に，公共財供給に必要な費用をちょうどぴったりに徴収できるという予算均衡条件も満たしていましたが，やはり公共財に対する需要（選好）を偽るインセンティブがあり，耐戦略性を満たしていませんでした。

ところで，すでに第 1 章で，耐戦略的なメカニズムの設計一般については，ギバード＝サタースウェイトの定理という否定的な結果があることを示しました。つまり，一般的には，耐戦略的なメカニズムは独裁的なものに限るということでした。しかし，単峰的な選好のように，プレーヤーの選好をある特定のクラスに制限すれば，耐戦略的メカニズムの設計が可能な場合がありました。

そこで，この第 2 章で考えている公共財供給という状況においても，プレーヤーの選好（便益関数）が単峰的な場合には，耐戦略的な公共財供給メカニ

ズムが設計できるのではないかと予想されます。

すでに，ヴィクセルが全員一致投票によって公共財の供給水準と費用負担額を決定するというメカニズムを提案していることを紹介しましたが，ハワード・ボーエン（1908-1989）は，プレーヤーの選好が単峰的であるという仮定のもとに，各プレーヤーが望ましい公共財の水準について**多数決投票**で決定するというメカニズムを提案しました。これを**ボーエン・メカニズム**と呼ぶことにします。

ボーエン・メカニズム

ステップ1　政府は n 人の各プレーヤー i に対して個別に，公共財供給費用 $c(G)$ に対する負担割合 q_i を提示します。ただし，この負担割合は公共財供給費用を均等割りしたもの，つまり，$q_i = 1/n$ とします。

ステップ2　各プレーヤー i は負担割合 q_i を所与として，自分にとって望ましい公共財の供給水準 G_i について政府に伝えます。

ステップ3　政府は，各プレーヤー i が表明した公共財供給量 $\{G_1, G_2, \cdots, G_n\}$ を候補の集合とします。そのうえで，これらの候補から最も望ましい候補を選ぶために，任意の2つを取り出し多数決投票によってどちらが選ばれるかを決定します。選ばれた候補とまた別の候補とについて多数決投票を実施し，最終的に他のどの候補に対しても多数決投票で勝利するような公共財供給量に決定し，終了します。

多数決投票の中でも，このステップ3におけるような，候補を2つずつ比較していき，他のどの候補に対しても勝利するような候補を選ぶ方式は，第1章で学んだように**コンドルセ投票方式**といい，最終的に選ばれる候補は**コンドルセ勝者**といいます。

例えば，3人のプレーヤーが表明した公共財の供給量 G_1, G_2, G_3 について，最初に G_1 と G_2 のどちらを選ぶかを多数決投票で決めると G_1 が勝利したなら，次に G_1 と G_3 のどちらを選ぶかを多数決投票で決めます。ここで G_3 が勝利したなら，G_3 がコンドルセ勝者となります。

さて，このボーエン・メカニズムのもとでは，公共財供給に対する費用負担は均等割り，つまり，$q_i = c(G)/n$ なので，各プレーヤー i から徴収する負担

額 $x_i = q_i c(G)$ の合計は,

$$\sum_i x_i = \sum_i q_i c(G) = \frac{c(G)}{n} + \frac{c(G)}{n} + \cdots + \frac{c(G)}{n} = c(G)$$

となるので，常に式 (2.3) の予算均衡条件を満たします。

次に，公共財をパレート効率的に供給するための条件であるボーエン＝サミュエルソン条件について考えてみます。ここで，各プレーヤーは公共財に対して単峰的な選好を持っていると仮定されていることを思い出してください。

このとき，候補をある順序で並べることができ，投票者すべてが候補に対して単峰的な選好を持っているならば，多数決投票で選ばれるのはちょうど真ん中の順位（中位，メディアン）にある候補になる，ということが証明できます。そうした中位となる候補を政府に対して表明したプレーヤーのことを**中位投票者**（median voter）といいます。つまり，投票者すべてが単峰的な選好を持っている場合には，中位投票者が望む候補が多数決投票によって選択されるということです。これを**中位投票者定理**（median voter theorem）といい，Black (1948/1958) が最初に示しました。

結果 2.3（中位投票者定理） 投票者すべてが単峰的な選好を持っている場合には，中位投票者が望む候補が多数決投票によって選択される

いま考えているボーエン・メカニズムにおいては，各プレーヤーが表明した公共財の供給水準 $G_1, G_2, \cdots, G_n$ が候補になりますが，これらは大きさの順に並べることができます。ここで，プレーヤーの数 n が奇数，つまり，$n = 2m-1$ とします（m は自然数）。そのうえで，公共財の供給水準の小さい方から大きい方へと並べ替えたものに，改めて小さい方から順に $1, 2, \cdots, n$ と番号を付け直したものを $G_1, G_2, \cdots, G_n$ とします。このとき，そのちょうど真ん中にあたる順位 m である公共財の供給水準を G_m とすると，中位投票者定理によれば，この G_m が多数決投票の結果選ばれるコンドルセ勝者になります（Web 付録の補論 2.1 を参照）。

■ 例 2.6 ボーエン・メカニズムの数値例

いま，3 人のプレーヤーがいるとします。また，公共財供給費用は $c(G) = G$ であるとします。ボーエン・メカニズムでは公共財供給費用の負担割合は均等割りとなります。各プレーヤー i の公共財からの便益は以下のような 2 次関数で表

されるとします。

$$v_i(G) = G - 0.5a_iG^2$$

すると，各プレーヤー i は $v_i(G) - q_ic(G)$ を最大にするような公共財の水準，つまり，$v'_i(G) = q_ic'(G)$ を満たすような G の値を表明することになります。その値を G_i とすると，

$$v'_i(G_i) = 1 - a_iG_i$$
$$q_ic'(G_i) = q_i$$

であることから，各プレーヤー i は

$$G^*_i = \frac{1 - q_i}{a_i}$$

を表明することになります。いま $n = 3$ なので，$q_i = 1/3$ となり，また，各プレーヤー i の便益関数のパラメータが仮に $a_1 = 1$, $a_2 = 2$, $a_3 = 3$，つまり，$a_i = i$ だったとしますと，

$$G^*_i = \frac{2}{3i}$$

となります。この場合，プレーヤー 2 の表明した公共財供給水準 G^*_2 が中央値になるので，公共財の供給水準 G^* は 1/3 に決定されます。

さて，ボーエン・メカニズムにおいては，中位投票者 m に対応する公共財供給水準 G_m が選ばれることがわかりました。ここで，中位投票者 m にとっては，公共財から得られる便益 $v_m(G_m)$ から費用負担額 $q_mc(G_m)$ を差し引いた利得 $v_m(G_m) - q_mc(G_m)$ を最大化するような G_m を表明していたわけですから，以下の式が成り立っているはずです。

$$v'_m(G_m) = q_mc'(G_m) = \frac{c'(G_m)}{n} \tag{2.12}$$

さらに，ここで各プレーヤー i の限界便益 $v'_i(G_i)$ の分布が正規分布に従っていると仮定しましょう。すると，正規分布の場合には平均値と中央値（メディアン）が一致しますので，各プレーヤーの限界便益の平均値 $\sum_i v'_i(G_i)/n$ とその中央値 $v'_m(G_m)$ が一致することになります。

$$v'_m(G_m) = \frac{\sum_i v'_i(G_i)}{n} \tag{2.13}$$

したがって，式 (2.12) と (2.13) とから，

$$\sum_i v_i'(G_i) = c'(G_m)$$

となり，ボーエン＝サミュエルソン条件が満たされていることがわかります。

また，プレーヤーの選好が単峰的な場合には，多数決投票は**耐戦略的**となります。実際，中位投票者定理によれば，プレーヤーの数 n が奇数の場合，各プレーヤーが表明した公共財の供給水準のうちちょうど真ん中の G_m が多数決投票によって選ばれます。ここで，一部のプレーヤーたちが G_m 以外の結果が多数決で選出されるように，その選好を偽るとします。例えば，G_m よりも少ない水準の G' について考えてみます。この G' については，G_m 以上の水準の公共財供給が最適と考えるプレーヤーからの支持が得られません（Web付録の補論 2.1 の図 1 を参照）。したがって，G' を支持するのはせいぜい G_m よりも少ない水準の公共財供給が最適と考えるプレーヤーたちだけです。しかし，G_m がメディアンである以上，こうしたプレーヤーの数はプレーヤー総数の半数よりも少ないはずです。よって，これらのプレーヤーだけでは G' に対して過半数の票を集められず，G_m という結果を覆すことはできません。こうして，多数決投票の結果である G_m は，一部のプレーヤーたちが選好を偽っても変えることができません。したがって，プレーヤーの選好が単峰的な場合には，多数決投票は**耐戦略的**となります。

このように，ボーエン・メカニズムは予算均衡条件を満たすだけでなく，単峰的選好のもとでは耐戦略性を満たし，さらに限界便益が正規分布しているならボーエン＝サミュエルソン条件を満たすメカニズムになっています。

ところで，ボーエン・メカニズムでは，可能性としてはすべての候補のペアについて多数決投票を行う必要があるので，候補の数が多い場合には現実的ではないのではないかという疑問をもたれるかもしれません。しかし，中位投票者定理によれば，政府は各プレーヤーが表明した公共財の供給水準を大きさの順に並べてそのちょうど真ん中を選べばよく，実際にはコンドルセ投票を実施する必要はないので，そのような心配はいりません。

むしろ問題なのは，各プレーヤーの限界便益の分布が正規分布に従うという仮定です（ボーエン自身は各プレーヤーの限界便益の分布が対称分布に従う場合でもかまわないと考えていたようです）。もちろん，プレーヤーの数が十分に多くなれば，**大数の法則**によれば各プレーヤーの限界便益の分布は正規分布に近づいて

いくので，正規分布という仮定も非現実的とはいえなくなります。

しかし，単峰性の仮定に加えてこうした限界便益の分布についても制限的な仮定がボーエン＝サミュエルソン条件が満たされるために必要である点で，ボーエン・メカニズムには実用上制約が多すぎるようです。

結果 2.4　ボーエン・メカニズムのもとでは予算均衡条件が満たされ，すべてのプレーヤーの選好が単峰的であるならば耐戦略性も満たされるが，一般的にはボーエン＝サミュエルソン条件は満たされない

章末に，ボーエン・メカニズムの結果を計算するPythonプログラム（プログラム2.1）を示しましたので，読者の皆さんも自分自身でいろいろな値を設定して検討してみてください。

2.5　ピボタル・メカニズム

これまで見てきたように，リンダール・メカニズムは公共財を効率的に供給するための条件であるボーエン＝サミュエルソン条件と予算均衡条件は満たしますが，耐戦略性を満たしませんでした。また，ボーエン・メカニズムは予算均衡条件と単峰的選好のもとでは耐戦略性を満たしますが，一般にはボーエン＝サミュエルソン条件を満たしませんでした。

そこで，今度はプレーヤーの選好に対してもう少し異なる制限がある場合について考えてみます。具体的には，プレーヤーの選好が**準線形**（quasilinear）の効用関数で表せるものに限定した場合を考えてみます。準線形の効用関数とは，効用関数が $u(x, y) = v(x) + y$ のように，すべての項が線形ではないが各項の和として表現できる場合をいいます。この例では，効用関数 $u(x, y)$ は y については線形であるのに対し，x については一般に非線形ですが，その両者の和となっていますので，準線形ということになります。

こうした準線形の効用関数のもとでは，ボーエン＝サミュエルソン条件を満たす耐戦略的なメカニズムを設計することが可能であることが知られています。それは，**ピボタル・メカニズム**（pivotal mechanism）と呼ばれるものです。これは，クラーク（Clarke, 1971）およびタイドマンとタロック（Tideman and Tullock, 1976）によって同時期に独立に考案されたメカニズムです。なお，ここでピボタルとは「要となる」という意味ですが，このメカニズムではプレ

ーヤーが公共財供給水準決定の「要となる」存在かどうかが重要になるので，このような名称になっています。

ここでは単純化のために，例えば住宅地に住民の協力で公園や図書館の分室を設立するといった，ある一定規模の公共財を供給するか，しないか，二者択一の選択をする場合を考えてみます。さらに，再び単純化のために，公共財の供給費用は0に基準化しておきます。こうしておいても議論の一般性は失われません。すると，ピボタル・メカニズムとは，次のようなルールのメカニズムになります。

ピボタル・メカニズム

ステップ1　各プレーヤー i に公共財供給に対する評価値 w_i を表明させます（マイナスの評価値の場合，公共財を供給してほしくないという意味になります）。

ステップ2　表明された全員の評価値の合計が供給費用$=0$以上なら公共財を供給し，0より小さいときは公共財を供給しません。

ステップ3　各プレーヤーは，ステップ2での決定と，そのプレーヤーを除く他のプレーヤー全員の表明した評価値の合計額 S に基づく公共財供給の可否の決定とが異なる場合には，S の絶対値 $|S|$ を追加費用として支払います。それ以外の場合は，追加費用は0とします。

ここで，私的財 x_i と公共財 y に関する各プレーヤー i の効用関数 u_i は準線形，つまり，$u_i(x_i, G) = x_i + v_i(G)$ であるとします。また，$v_i(0) = 0$ とします。つまり，公共財が供給されない場合の便益はゼロということです。

ここでは，プレーヤーたちは分割不可能な1単位の公共財を生産するか否かの意思決定を行うものとします。すなわち，公共財供給水準 G は1か0かで，かつ公共財からの便益は $v_i(G) = v_i \cdot G$ であるとします。この場合，v_i は定数で，プレーヤー i にとっての公共財から得られる便益の値となります。これをプレーヤー i の評価値と呼ぶことにします。各プレーヤーは公共財への需要（支払意志額）w_i を表明します。もしその総和 $\sum_i w_i$ が供給費用 $=0$ を超えたならば公共財は供給され，そうでない場合は供給されません。すなわち，

$$G = \begin{cases} 1 & \text{if } \sum_i w_i \geq 0 \\ 0 & \text{if } \sum_i w_i < 0 \end{cases}$$

となります。さらに，各プレーヤー i は以下のような追加費用（クラーク税ともいいます）t_i を徴収されます。

$$t_i = \begin{cases} \left|\sum_{j \neq i} w_j\right| & \text{if } \left(\sum_i w_i\right)\left(\sum_{j \neq i} w_j\right) < 0 \\ 0 & \text{それ以外} \end{cases}$$

ここで，$(\sum_i w_i)(\sum_{j \neq i} w_j) < 0$ ということは，すなわち，① 全員の公共財への需要表明額の合計 $\sum_i w_i$ がプラスで，プレーヤー i 以外の公共財への需要表明額の合計 $\sum_{j \neq i} w_j$ の符号がマイナスのとき，あるいは逆に，② 前者がマイナスで後者がプラスのとき，そのときにのみクラーク税が徴収される仕組みになっています。つまり，例えば ① の場合，プレーヤー i 以外のプレーヤーの間で決定した場合は公共財が供給されないはずだったのに，プレーヤー i が加わったことでその決定が覆り，公共財を供給することになったので，そのことで他のプレーヤーが被った損失をプレーヤー i は支払わなければならない，ということです。

なお，公共財を供給するか否かの決定，すなわち，G の値は，プレーヤーの表明した公共財の需要額が 0 を超えるか超えないかによって決まりますから，全員で G の値を決めた場合と，プレーヤー i 以外で G の値を決めた場合とで G の値が異なる場合にのみ，$\sum_i w_i$ と $\sum_{j \neq i} w_j$ の符号が異なりますから，そのような場合にクラーク税が徴収されるということです。

最終的に各プレーヤー i の利得は，私的財からの効用と公共財から受ける便益の合計からクラーク税を差し引いた

$$u_i(x_i, G) = x_i + v_i \cdot G - t_i$$

となります。

■ 例 2.7　ピボタル・メカニズムの数値例

例えば，3 人のプレーヤー $1, 2, 3$ で公共財供給を決定する場合を考えてみます。3 人の私的財の初期保有は $x_1 = x_2 = x_3 = 2$ で，3 人の公共財に対する評価値をそれぞれ $v_1 = 3$, $v_2 = 1$, $v_3 = -2$ とします。つまり，プレーヤー 1 と

2は公共財が供給されることを望んでいますが，プレーヤー3は望んでいないということです。

ここで，プレーヤー1, 2, 3が公共財に対する評価値としてそれぞれ $w_1 = 3$, $w_2 = 1$，$w_3 = -2$ を表明したとします。つまり，3人とも評価値を正直に表明したとします。このとき，3人の評価値の合計 $\sum_i w_i = w_1 + w_2 + w_3 = 2$ なので $G = 1$ となり，公共財は供給されます。その結果，プレーヤー1, 2, 3はそれぞれ $v_1 = 3$, $v_2 = 1$, $v_3 = -2$ という公共財からの便益（または損失）を受け取ります。

次に，3人の支払う追加費用ですが，プレーヤー1の場合，1を除く2人の評価値の合計は $\sum_{j\neq 1} w_j = w_2 + w_3 = -1$ なので，プレーヤー1を除いた決定では $G = 0$ となり，公共財は供給されなかったはずなので，2人の評価値合計の絶対値 $t_1 = |\sum_{j\neq 1} w_j| = 1$ をクラーク税として支払うことになります。したがって，プレーヤー1の利得は最終的に，$u_1 = x_1 + v_1 - t_1 = 2 + 3 - 1 = 4$ となります。

プレーヤー2の場合，プレーヤー2を除く2人の評価値の合計は $\sum_{j\neq 2} w_j = w_1 + w_3 = 1$ なので $G = 1$ となり，全員の評価値で決めた決定と変わらないのでクラーク税を支払わなくてもかまいません。したがって，プレーヤー2の利得は最終的に，$u_2 = x_2 + v_2 - t_2 = 2 + 1 + 0 = 3$ となります。

最後に，プレーヤー3の場合，プレーヤー3を除く2人の評価値の合計は $\sum_{j\neq 3} w_j = w_1 + w_2 = 4$ なので $G = 1$ となり，全員の評価値で決めた決定と変わらないので，やはりクラーク税を支払わなくてもかまいません。したがって，プレーヤー3の利得は最終的に，$u_3 = x_3 + v_3 - t_3 = 2 - 2 + 0 = 0$ となります。

さて，このピボタル・メカニズムのもとでは，各プレーヤー i にとって，公共財に対する評価値を正直に表明すること，すなわち，$w_i = v_i$ とすることが支配戦略になっていること，したがって，ピボタル・メカニズムは**耐戦略的**であることを示すことができます（Web付録の補論2.2を参照）。

このように，ピボタル・メカニズムにおいては，正直に評価値 v_i を表明することが支配戦略になります。また，各プレーヤー i が評価値 v_i を正直に表明するので，公共財の供給決定は，以下のようにすべてのプレーヤーの真の評価値の和に従って決められることもわかります。

$$G = \begin{cases} 1 & \text{if} \ \sum_i v_i \geq 0 \\ 0 & \text{if} \ \sum_i v_i < 0 \end{cases}$$

ここで，$v_i = u_i'(G)$ であり，かつ公共財の生産費用は 0，すなわち，$c'(G) = 0$ であるので，

$$G = \begin{cases} 1 & \text{if} \ \sum_i u_i'(G) \geq c'(G) \\ 0 & \text{if} \ \sum_i u_i'(G) < c'(G) \end{cases}$$

ということになります。すなわち，これは，すべてのプレーヤーの公共財から得られる限界便益の和が限界費用を超えているかぎり公共財を追加的に1単位供給するという関係を表しています。ここで，一般的には，公共財の供給量をこのように1単位ずつ増加させていくと，限界便益は逓減的なので，いつか公共財の供給水準が $\sum_i u_i'(G) = c'(G)$ となるようなところに達します。このとき，公共財が効率的に供給されるための条件であるボーエン＝サミュエルソン条件が満たされることになります。

しかし，ピボタル・メカニズムにおいては，一般に**予算均衡条件**が満たされません。例えば，先ほどの**例 2.7** をもう一度考えてみます。そこでは，公共財供給費用は 0 に基準化されていましたが，プレーヤー 1 はクラーク税として 1 支払い，残りのプレーヤーのクラーク税はゼロでした。したがって，各プレーヤーの費用負担額の合計は $\sum_i t_i = 1 > 0 = c(G)$ となり，公共財供給費用を上回ります。このように，ピボタル・メカニズムでは予算均衡条件が満たされない場合があります。

また，ピボタル・メカニズムにはもう1つ問題点があります。それは，**個人合理性**（individual rationality）が満たされないということです（以下の**例 2.8** を参照）。

個人合理性は**参加制約**（participation constraint）とも呼ばれますが，メカニズムに参加した場合の均衡における各プレーヤーの利得が，参加する前と比べて小さくならないということを意味します。もし，個人合理性が満たされていない場合には，メカニズムに参加することによって，均衡において利得が下がってしまうプレーヤーがいることになります。そのようなプレーヤーはメカニズムに参加したことを後悔するでしょうし，前もってそうした事態を見越していればメカニズムには参加しないでしょう。したがって，個人合理性はメカニ

ズムを現実に運用するうえでは無視できない条件ということになります。

例 2.8 ピボタル・メカニズムと個人合理性の例

再び**例 2.7** を考えてみましょう。この場合，3 人のプレーヤーは最初に初期保有 $x_1 = x_2 = x_3 = 2$ を持っていました。公共財はまだ供給されておらず $G = 0$ なので，メカニズムに参加する前の 3 人の利得は $u_1 = u_2 = u_3 = 2$ です。この例では，すべてのプレーヤーが評価値を正直に表明するという支配戦略をプレーするものと考えていました。すると，ピボタル・メカニズムの支配戦略均衡においては，プレーヤー 1 は $u_1 = 4$，プレーヤー 2 は $u_2 = 3$，プレーヤー 3 は $u_3 = 0$ の利得を得ることになります。したがって，プレーヤー 1 と 2 はメカニズムに参加する前の利得を上回る利得を得ていますが，プレーヤー 3 はメカニズムに参加することによって利得が下がっています。このように，ピボタル・メカニズムでは個人合理性が満たされない場合があります。

これまで述べたピボタル・メカニズムの特徴をまとめると，次のようになります。

結果 2.5 ピボタル・メカニズムにおいては，ボーエン＝サミュエルソン条件と耐戦略性は満たされるが，予算均衡条件と個人合理性は満たされない

章末に，ピボタル・メカニズムの結果を計算する Python プログラム（**プログラム** 2.2）を示しましたので，読者の皆さんも自分自身でいろいろな値を設定して検討してみてください。

2.6 グローブス・メカニズム

ここまでわかったことを要約すると，リンダール・メカニズムは耐戦略性を満たさず，ボーエン・メカニズムはボーエン＝サミュエルソン条件を満たさず，ピボタル・メカニズムは予算均衡条件と個人合理性を満たしませんでした。いずれのメカニズムも，公共財供給にとって望ましい性質のどれか 1 つは満たしていませんでした。

それでは，プレーヤーの選好が何らかの形で制限された状態で，ボーエン＝サミュエルソン条件，予算均衡条件，耐戦略性，それに個人合理性のすべてを

満たすようなメカニズムは設計できないのでしょうか？

この問いに対して，プレーヤーの選好が準線形の場合には，ボーエン＝サミュエルソン条件と耐戦略性を満たすメカニズムは，Groves and Loeb (1975) が提案した，ピボタル・メカニズムを特殊ケースの１つとして含むグローブス・メカニズム (Groves mechanism) と呼ばれるクラスに限られていて，これ以外に存在しないことがわかっています (Green and Laffont, 1977)。

グローブス・メカニズムは，一般的には次のようなルールのメカニズムになります。このルールを見ると，ピボタル・メカニズムがこのメカニズムの特殊ケースであることがわかると思います。

グローブス・メカニズム

ステップ１　プレーヤー全員に公共財に対する選好を表明させます。

ステップ２　表明された全員の選好に基づき，公共財の供給量を決定します。

ステップ３　各プレーヤーの費用負担額は，ステップ２での決定と，そのプレーヤーを除く他のプレーヤー全員の表明した選好に基づいて決定されます。

ここで，私的財 x_i と公共財 y に関する各プレーヤー i の効用関数 u_i は準線形，つまり，$u_i(x_i, G) = x_i + v_i(G)$ であるとします。また，$v_i(0) = 0$ とします。

各プレーヤー i は，ステップ１で公共財に対する選好（便益関数）$w_i(G)$ を表明します。ステップ２で，公共財の供給水準 G は各プレーヤー i の表明した便益関数のプロファイル $w = (w_1, w_2, \cdots, w_n)$ をもとに，決定関数

$$d(w(G)) = \sum\nolimits_i w_i(G)$$

と公共財供給費用 $c(G)$ によって決定されます。つまり，$d(w(G)) - c(G)$ を最大にするような公共財の供給水準 G が選ばれることになります。

最後に，ステップ３で，各プレーヤー i の公共財供給のための費用負担額は，課税関数

$$t_i = \sum\nolimits_{j \neq i} w_j(d(w)) + h(w_{-i})$$

によって決定されます。ここで，w_{-i} はプレーヤー i を除いた便益関数のプロ

ファイル $w_{-i} = (w_1, \cdots, w_{i-1}, w_{i+1}, \cdots, w_n)$ を表し，$h(w_{-i})$ は w_{-i} に関する任意関数となります。

この課税関数からわかるように，各プレーヤー i の費用負担額は，プレーヤー i 以外の表明した便益関数のプロファイル w_{-i} によって決まります。なお，$h(w_{-i})$ が任意関数であるとは，これが w_{-i} に関する関数であれば何でもよいということを意味します。

最終的に各プレーヤー i の利得は，私的財からの効用と公共財から受ける便益の合計から課税関数 t_i によって決まる移転額（transfer）を加えた

$$u_i(x_i, G) = x_i + v_i(G) + t_i$$

となります。ここで，t_i を加えているのは，$t_i < 0$ のときにはその額を支払い，$t_i > 0$ のときにはその額を受け取るということを表現するためです。

ピボタル・メカニズムがこのグローブス・メカニズムの特殊ケースであることについては Web 付録の補論 2.3 をご覧ください。

さて，Web 付録の補論 2.2 ではピボタル・メカニズムが耐戦略的であることを示していますが，それと同様にして，グローブス・メカニズムにおいても，プレーヤーは自分の公共財からの便益（選好）を正直に表明すること，すなわち，$w_i(G) = v_i(G)$ とすることが支配戦略であることを示せます。つまり，グローブス・メカニズムは**耐戦略性**を満たします。

また，グローブス・メカニズムにおいて，公共財の供給水準 G は，プレーヤーたちの表明した需要の和 $d(w) = \sum_i w_i(G)$ と公共財供給費用 $c(G)$ との差を最大にするように選ばれることから，特に，各プレーヤーが支配戦略をプレーするとき，$\sum_i v_i(G) - c(G)$ を最大化する G が選ばれることになります。このとき，$\sum_i v_i'(G) = c'(G)$ となるので，公共財供給を効率的に供給するための条件であるボーエン＝サミュエルソン条件が満たされています。

このように，グローブス・メカニズムは耐戦略性とボーエン＝サミュエルソン条件を満たしますが，その逆の命題，すなわち，プレーヤーの選好が準線形の効用関数で表現できるような場合，耐戦略性とボーエン＝サミュエルソン条件を満たすのはグローブス・メカニズムである，ということも証明できます（Web 付録の補論 2.4 を参照）。つまり，準線形の効用関数のもとでは，耐戦略性およびボーエン＝サミュエルソン条件を満たすことと，グローブス・メカニズムであることは同値になります。言い換えれば，耐戦略性とボーエン＝サ

ミュエルソン条件を満たすメカニズムはグローブス・メカニズムだけに限られます。

結果 2.6　準線形の効用関数のもとでは，耐戦略性とボーエン＝サミュエルソン条件を満たすメカニズムはグローブス・メカニズムだけに限られる

ピボタル・メカニズムが予算均衡条件を満たさないことはすでに見ましたが，グローブス・メカニズムの場合も，一般的には予算均衡条件を満たしません。いま，ピボタル・メカニズムのときと同様に1単位の公共財を供給する場合を考えます。公共財の生産費用を $c(G)=0$ と基準化した場合，予算均衡条件は $\sum_i t_i = 0$ ということになります。グローブス・メカニズムの場合について，実際に課税関数 t_i の和を計算してみると，

$$\sum_i t_i = (n-1)\sum_i w_i + \sum_i h(w_{-i})$$

となります。ここで，

$$-\sum_i h(w_{-i}) = (n-1)\sum_i w_i \tag{2.14}$$

となっていれば予算均衡条件が満たされますが，この等式は一般には満たされません。というのは，右辺は各プレーヤー i の表明する便益関数 w_i から決まりますが，左辺はプレーヤー i を除くプレーヤーの表明する便益関数から決まりますので，この両者が一致する保証はないからです。

また，ピボタル・メカニズムが個人合理性の条件を満たさないこともすでに確認しました。グローブス・メカニズムにおいて個人合理性の条件が満たされるためには，メカニズムに参加する前の初期保有 x_i に比べて，メカニズム参加後に得る利得がそれを下回ることはないこと，

$$u_i(x_i, G) = x_i + v_i(G) + t_i \geq x_i$$

すなわち，

$$v_i(G) + t_i \geq 0$$

という条件が満たされる必要があります。この条件が常に成り立つためには，

$$\sum_i h(w_{-i}) \geq 0 \tag{2.15}$$

でなければなりません。それは以下のようにして証明できます。

いま，例えば，公共財からの便益が負であるようなプレーヤー i を考えましょう ($v_i < 0$)。このとき，もし公共財が供給されれば，このプレーヤーは v_i という損失を受けます。個人合理性が満たされるためには，このプレーヤーは $t_i \geq -v_i$ という移転額を受け取ることが必要になりますが，グローブス・メカニズムにおいては $t_i = \sum_{j \neq i} w_j + h(w_{-i})$ なので，これは

$$\sum_{j \neq i} w_j + h(w_{-i}) \geq -v_i$$

ということを意味します。支配戦略均衡のもとでは $w_i = v_i$ なので，これを右辺に代入して移行すると，

$$w_i + \sum_{j \neq i} w_j + h(w_{-i}) \geq 0$$

が導かれます。ここでは，公共財が供給される場合を考えているので，$w_i + \sum_{j \neq i} w_j \geq 0$ となりますので，グローブス・メカニズムが個人合理性を満たすためには，式 (2.15) が満たされなければならないということになります。

最後に，グローブス・メカニズムにおいては，予算均衡条件と個人合理性とは同時に成り立ちません。予算均衡条件と個人合理性を同時に満たすためには，式 (2.14) と (2.15) から，

$$\sum\nolimits_i w_i \leq 0$$

が成り立たなければなりませんが，公共財からの便益が正であるようなプレーヤーが多く存在すると，この条件は一般的には成り立ちません。

結果 2.7　グローブス・メカニズムにおいては，一般的に予算均衡条件も個人合理性も満たされない。また，予算均衡条件と個人合理性とを同時に満たすこともできない

2.7　公共財供給メカニズムの比較

さて，これまで公共財供給に関してさまざまなメカニズムについて検討してきました。そこで得られた結果をまとめてみましょう。

それぞれのメカニズムを互いに比較できるようにするため，各プレーヤーは

準線形の効用関数 $u_i(x_i, G) = x_i + v_i(G)$ で表現される選好を持っているとします。また，その効用関数において，公共財からの便益を表す $v_i(G)$ は単峰性を満たす関数とします。例えば，以下のような２次関数は単峰性を満たしています。

$$v_i(G) = a - (G - G^*)^2, \quad a > 0$$

この関数は $G = G^*$ のとき唯一の最大値（峰）を持ち，G が G^* から離れるにしたがって $v_i(G)$ は単調に減少していきます（図 2.4）。

さて，上記のような経済環境のもとでは，これまで検討してきた自発的供給メカニズム（VCM），リンダール・メカニズム，ボーエン・メカニズム，それにグローブス・メカニズムが持つ性質は表 2.2 にまとめられます。

表 2.2 からわかることは，VCM は論外として，他の３つのメカニズムのどれも，公共財供給メカニズムが持つべき望ましい性質の少なくとも１つは満たしていないということです。

また，先ほどの経済環境において，さらに公共財からの限界便益が正規分布に従っていると仮定できるならば，ボーエン・メカニズムはボーエン＝サミュエルソン条件を満たすことができますが，それでも個人合理性を満たすことはできません。また，一定の条件のもとでは，グローブス・メカニズムは予算均衡条件か個人合理性のどちらかを満たしますが，両方を満たすことはできません。

こうして見ると，公共財供給メカニズムが持つべき望ましい性質を４つと

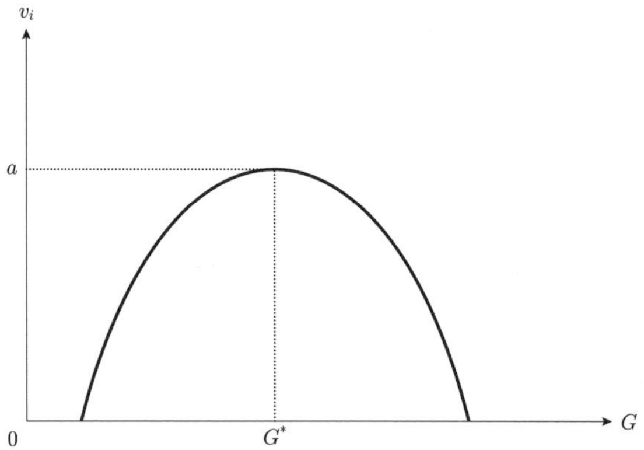

図 2.4　単峰的な公共財便益関数

表 2.2 公共財供給メカニズムの比較

	ボーエン＝サミュエルソン条件	予算均衡条件	個人合理性	耐戦略性
自発的供給メカニズム	×	○	×	×
リンダール・メカニズム	○	○	○	×
ボーエン・メカニズム	×	○	×	○
グローブス・メカニズム	○	×	×	○

も満足できるメカニズムは設計できないと結論付けることができそうです。ただ，公共財供給問題においては，ただ乗り問題を避け，パレート効率的な公共財供給を実現することが政府の目的であるとするなら，ボーエン＝サミュエルソン条件および耐戦略性を満たす唯一のメカニズムであるグローブス・メカニズムを採用するのが現実であるといえるのではないでしょうか。

2.8 ナッシュ遂行メカニズム

ただ乗り問題を避け，パレート効率的な公共財供給を実現することを目指すなら，耐戦略性を満たすグローブス・メカニズムが望ましいと述べましたが，すべてのプレーヤーにとって支配戦略が存在するようなメカニズムを設計することは，前章のギバード＝サタースウェイトの定理からもわかるとおり，非常に困難です。実際，プレーヤーの効用関数が準線形であるという制限を付けても，グローブス・メカニズム以外に耐戦略性とパレート効率性を満たすメカニズムは存在しませんでした。

そこで，すべてのプレーヤーに支配戦略が存在するという条件を弱めてみたら，メカニズムを設計する可能性が広がるのではないかと予想できます。そして，実際それは可能なのです。実際には，各プレーヤーが支配戦略の代わりにナッシュ均衡をプレーすると仮定するのです。

各プレーヤーはナッシュ均衡をプレーするという前提のもとに，3 人以上のプレーヤーがいる公共財のある経済において，ボーエン＝サミュエルソン条件，予算均衡条件，それに個人合理性を満たすメカニズムが，マーク・ウォーカーの設計した**ウォーカー・メカニズム**です（Walker, 1981)。

先ほどまでの説明で，**リンダール・メカニズム**がボーエン＝サミュエルソン条件，予算均衡条件，それに個人合理性を満たすことがわかりましたが，各プレーヤーがナッシュ均衡をプレーするとすれば，ウォーカー・メカニズムではこのリンダール均衡が実現するということを示すことができます。

ただし，ウォーカー・メカニズムは，第1章で説明した用語に従えば，各プレーヤーが公共財に対する需要そのものを表明する**直接メカニズム**ではなく，その追加需要を表明することになっているという意味で**間接メカニズム**なのだということに注意してください。

ウォーカー・メカニズム

n 人のプレーヤーがいるとして，最初に各プレーヤー i に通し番号を振り，以下の図のように番号順に時計回りに円周上に並ばせます。

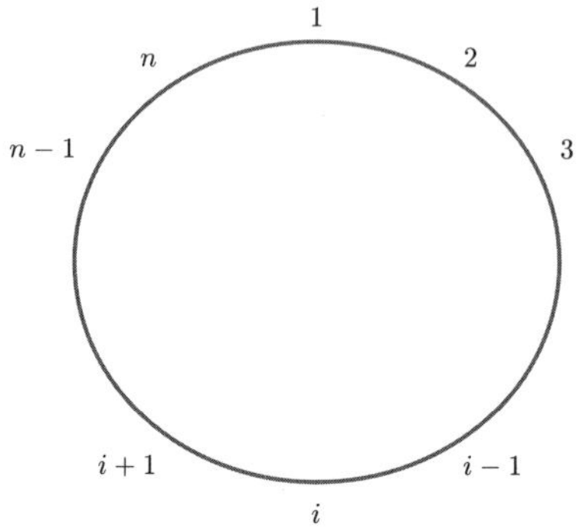

図2.5　ウォーカー・メカニズムにおけるプレーヤーの集合

ステップ 1　各プレーヤー i は，公共財に対する追加需要 x_i を表明します。

ステップ 2　プレーヤー全員の表明した追加需要の合計額に当たる水準 $G = \sum_i x_i$ の公共財が供給されます。

ステップ 3　各プレーヤー i は，公共財の供給費用 $c(G)$ を等分した額を負担します。

ステップ 4　さらに，各プレーヤー i は，自分の右隣にいるプレーヤー $i-1$ の表明した追加需要 x_{i-1} から，自分の左隣にいるプレーヤー $i+1$ の表明した追加需要 x_{i+1} を引いた額に，公共財の供給水準 G を掛けた額を費用として負担します（$i-1$ が 0 以下になる場合や $i+1$ が n より大きくなる場合は，

それぞれを n で割った余りの値と考えます)。この値がマイナスになる場合は，その絶対値に当たる額を受け取ります。

■ 例 2.9 ウォーカー・メカニズムの数値例

例えば，3 人のプレーヤーがいて，プレーヤー 1 から 3 までの通し番号が振られているとします。プレーヤー 1 の表明した追加需要が $x_1 = 4$ で，2 の追加需要が $x_2 = 3$，3 の追加需要が $x_3 = 5$ だとします。このとき，3 人の表明した追加需要の合計 $\sum_i x_i = 12$ という水準の公共財が供給されます。公共財の限界費用は 1 だとすると，公共財供給費用 12 を等分した額 $12/3 = 4$ を全員が負担することになります。

次に，プレーヤー 1 は，右隣にいるプレーヤー 3 の追加需要 x_3 から左隣にいるプレーヤー 2 の追加需要 x_2 を引いた額 $5 - 3 = 2$ に，公共財の供給水準 12 を掛けた 24 をさらに負担することになります。

同様に，プレーヤー 2 については，右隣にいるプレーヤー 1 の追加需要 x_1 から左隣にいるプレーヤー 3 の追加需要 x_3 を引いた額 $4 - 5 = -1$ に，公共財の供給水準 12 を掛けた額は -12 となるので，その絶対値である 12 が与えられます。

プレーヤー 3 についても，右隣にいるプレーヤー 2 の追加需要 x_2 から左隣にいるプレーヤー 1 の追加需要 x_1 を引いた額 $3 - 4 = -1$ に，公共財の供給水準 12 を掛けた額は -12 となるので，その絶対値である 12 が与えられます。

こうしてみると，ステップ 4 で指定される，公共財供給費用を等分した額以外に各プレーヤーが負担する（与えられる）額は，3 人分を合計するとちょうど 0 になる（$24 - 12 - 12 = 0$）ことがわかります。つまり，予算均衡条件が満たされています。

さて，このウォーカー・メカニズムにおいては，各プレーヤー i は，自分にとって望ましい公共財供給水準そのものではなく，公共財に対する**追加需要** x_i を表明するということに注意してください。それで，すべてのプレーヤーが表明した追加需要の合計 $G = \sum_i x_i$ に当たる水準の公共財が供給されることになります。また，q を公共財 1 単位当たりの生産費用（限界費用）とします。つまり，公共財の生産費用は $c(G) = qG$ ということです。そのうえで，ウォーカー・メカニズムのもとでは，各プレーヤー i は以下の費用を負担させられます。右辺第1項目が公共財生産費用を等分した値で，第2項目が追加の費用負担（あるいは移転）を表しています。

$$c_i(x_i) = \frac{q}{n}G + (x_{i-1} - x_{i+1})G$$

ここで，添え字の $i-1, i+1$ はそれぞれ n で割った余りで考えます（特に，プレーヤー1にとっては $i-1=n$ かつ $i+1=2$，プレーヤー n にとっては $i-1=n-1$ かつ $i+1=1$ と考えます）。さて，ここで，上記の費用負担額の右辺の式を G で整理すると，

$$\left(\frac{q}{n} + x_{i-1} - x_{i+1}\right)G$$

となりますが，この G の係数

$$q_i = \frac{q}{n} + x_{i-1} - x_{i+1}$$

がリンダール・メカニズムにおける各プレーヤー i の個別価格（費用負担額）に相当します。各プレーヤー i がこの個別価格のもとに最適な x_i を選ぶとすると，これが各プレーヤー i にとっての**最適反応**となりますから，ここからナッシュ均衡が求まります。

実際，公共財供給水準 G に対してプレーヤー i が受け取る便益を $v_i(G)$ とすると，この個別価格を所与として利得 $\pi_i = v_i(G) - c_i(x_i)$ を最大にするような x_i を選ぶことがプレーヤー i にとっての最適反応になります。すべてのプレーヤーが同時に最適反応を選んでいるときがナッシュ均衡ですので，ナッシュ均衡においてはすべてのプレーヤーについて以下の式が満たされることになります。これらの式を連立させて解いた答えがナッシュ均衡になります。

$$\frac{\partial v_i(G)}{\partial x_i} = \frac{dc_i(x_i)}{dx_i} = q_i$$

ところで，この式の両辺をすべてのプレーヤーについて合計すると，

$$\sum_i \frac{\partial v_i(G)}{\partial x_i} = \sum_i \frac{dc_i(x_i)}{dx_i} = \sum_i q_i = q + \sum_i x_{i-1} - \sum_i x_{i+1} = q$$

となり，各プレーヤーの限界便益の和が公共財供給のための限界費用 q に等しいというボーエン＝サミュエルソン条件が満たされていることがわかります。また，各プレーヤーの費用負担額 $c_i(x_i)$ を合計すると，

$$\sum_i c_i(x_i) = \sum_i \left(\frac{q}{n} + x_{i-1} - x_{i+1}\right) G = \left(q + \sum_i x_{i-1} - \sum_i x_{i+1}\right) G$$
$$= qG$$

となり，予算均衡条件が満たされていることがわかります。したがって，このウォーカー・メカニズムのナッシュ均衡はリンダール均衡となります。また，リンダール均衡においては個人合理性も満たされます。

このように，ウォーカー・メカニズムでは，各プレーヤーがナッシュ均衡をプレーするという前提のもとに，ボーエン＝サミュエルソン条件，予算均衡条件，それに個人合理性を満たすことができます。

例 2.10 ウォーカー・メカニズムにおけるナッシュ均衡の例

3 人のプレーヤーがいて，プレーヤー 1 から 3 までの通し番号が振られているとします。各プレーヤー i の公共財からの便益は，以下のような公共財供給水準 G に関する 2 次関数で表されるとします。

$$v_i(G) = G - 0.5a_i G^2$$

公共財供給水準 G は，各プレーヤー i が表明した追加需要 x_i の合計，つまり，

$$G = \sum_i x_i = x_1 + x_2 + x_3$$

によって決まります。また，公共財供給費用は $c(G) = qG$ であるとします。ウォーカー・メカニズムでは，各プレーヤー i はこの公共財供給費用を均等割した額

$$q_i = \frac{q}{3} G$$

を負担することになります。このとき，

$$q = \sum_i q_i = q_1 + q_2 + q_3$$

が成り立っています。各プレーヤー i はさらに，自分の両隣にいるプレーヤーが表明した追加需要に応じて $(x_{i-1} - x_{i+1})G$ という額の追加の費用負担を行います。結局，プレーヤー i は，各プレーヤーの表明した追加需要のプロファイル $x = (x_1, x_2, x_3)$ に対して，以下の費用 $c_1(x)$ を負担することになります。

$$c_1(x) = \left(\frac{q}{3} + x_3 - x_2\right)G$$
$$c_2(x) = \left(\frac{q}{3} + x_1 - x_3\right)G$$
$$c_3(x) = \left(\frac{q}{3} + x_2 - x_1\right)G$$

各プレーヤー i は $v_i(G) - c_i(x)$ を最大にするような追加需要の値を表明することになります。その一階条件は以下のようになります。

$$v_i'(G) = c_i'(x)$$

この左辺と右辺は具体的には，各プレーヤー i について，

$$v_i'(G) = 1 - a_i G$$
$$c_i'(x) = \frac{q}{3} + x_{i-1} - x_{i+1}$$

となります，したがって，x_1，x_2，x_3 に関する以下の連立１次方程式の解がナッシュ均衡になります。

$$1 - a_1(x_1 + x_2 + x_3) = \frac{q}{3} + x_3 - x_2$$
$$1 - a_2(x_1 + x_2 + x_3) = \frac{q}{3} + x_1 - x_3$$
$$1 - a_3(x_1 + x_2 + x_3) = \frac{q}{3} + x_2 - x_1$$

ここで，$q = 1$ かつ各プレーヤー i の便益関数のパラメータは $a_1 = a_2 = a_3 = 1$ だとすると，

$$x_1 + 2x_3 = \frac{2}{3}$$
$$2x_1 + x_2 = \frac{2}{3}$$
$$2x_2 + x_3 = \frac{2}{3}$$

となります。さらに，これを行列で表すと，次のようになります。

$$\begin{pmatrix} 1 & 0 & 2 \\ 2 & 1 & 0 \\ 0 & 2 & 1 \end{pmatrix} \begin{pmatrix} x_1 \\ x_2 \\ x_3 \end{pmatrix} = \begin{pmatrix} 2/3 \\ 2/3 \\ 2/3 \end{pmatrix}$$

これを解くことで，ナッシュ均衡においては，プレーヤー i について，その追加需要の値は

$$x_i^* = \frac{2}{9}$$

となることがわかります。したがって，ナッシュ均衡における公共財供給水準は

$$G^* = \frac{2}{3}$$

になります。

さらに，ここで注目すべきなのは，各プレーヤーがナッシュ均衡をプレーするに当たっては，自分の左隣と右隣のプレーヤーの表明する追加需要のみを考慮すればよいという意味で，ウォーカー・メカニズムは，均衡をプレーするうえで必要となる情報量が格段に少ない情報効率的なメカニズムになっているということです。

このような意味で，ウォーカー・メカニズムは公共財供給問題においてただ乗り問題を解決し，パレート効率的な公共財供給を実現する情報効率的なメカニズムなのです。そのほかに，グローブス＝レジャードのメカニズムもまた，パレート効率的な公共財供給を実現するメカニズムになっています（Web 付録の補論 2.5 を参照）。このように，支配戦略をあきらめて，ナッシュ均衡を前提にすることで，メカニズム設計の可能性は広がることがわかります。

章末には，ウォーカー・メカニズムのナッシュ均衡を計算するプログラム（プログラム 2.3）を掲載していますので参考にしてください。

付録　Python プログラム

＊公共財自発的供給メカニズム（VCM），リンダール・メカニズムのプログラムは Web 付録に掲載しています。

プログラム 2.1　ボーエン・メカニズム

以下のプログラムは，ボーエン・メカニズムに従って，公共財の供給水準などを求めるプログラムです。

最初に `statistics` モジュールにある中央値を計算する関数を利用するために `import statistics` という宣言をしています。

プレーヤー数を設定した後，各プレーヤーが G の水準の公共財から得る便益 v は，本文の例のとおり 2 次関数とし，各プレーヤーにとってその係数を左から順にリスト a に設定します。ここでは**例 2.6** に従って，係数の値はプレーヤー 1 は 1，プレーヤー 2 は 2，プレーヤー 3 は 3 に設定しています。それから，各プレーヤーの費用負担比率をリスト q に設定し，それを画面表示します。

各プレーヤーが表明する公共財の水準は，各プレーヤーの費用負担比率を収めたリスト q と，便益関数の係数 a から合計を求め，リスト x に代入して，それを画面表示します。公共財供給水準 G は各プレーヤーが表明した公共財供給水準の中央値になります。ここでは，statistics モジュールの median 関数に各プレーヤーが表明する公共財の水準 x を代入して中央値を求めています。

最後に，各プレーヤーの利得を順番に計算し，それを画面表示します。利得は，公共財の便益から費用負担額を引いた値になります。

```
# Bowen mechanism
print('ボーエン・メカニズム')
print()

import statistics

# プレーヤーの数：
N = 3

# 公共財からの便益：
# v = G-0.5*a[i]*G**2
# 便益関数のパラメータ：
a = [1,2,3]

# 費用負担割合
q = [0]*N
for i in range(N):
    q[i]=1/N
    print('プレーヤー',i+1,'の費用負担割合 = ',q[i])
print()

# 各プレーヤーの表明する公共財供給水準
x=[0]*N
```

```
for i in range(N):
     x[i] = (1-q[i])/a[i]
     print('プレーヤー',i+1,'の表明する公共財供給水準 = ',x[i])
print()

# 公共財供給水準の決定
G = statistics.median(x)
print('公共財供給水準 = ',G)
print()

# 各プレーヤーの利得
payoff = [0]*N
for i in range(N):
     payoff[i] = G-0.5*a[i]*G**2-q[i]*G
     print('プレーヤー',i+1,'の利得 = ',payoff[i])
```

このプログラムを実行すると，以下の結果が画面に出力されます。**例 2.6** と同じ結果になっていることを確かめてみてください。

```
ボーエン・メカニズム

プレーヤー1の費用負担割合 = 0.3333333333333333
プレーヤー2の費用負担割合 = 0.3333333333333333
プレーヤー3の費用負担割合 = 0.3333333333333333

プレーヤー1の表明する公共財供給水準 = 0.6666666666666667
プレーヤー2の表明する公共財供給水準 = 0.33333333333333337
プレーヤー3の表明する公共財供給水準 = 0.22222222222222224

公共財供給水準 = 0.33333333333333337

プレーヤー1の利得 = 0.16666666666666669
プレーヤー2の利得 = 0.11111111111111112
プレーヤー3の利得 = 0.055555555555555566
```

プログラム 2.2　ピボタル・メカニズム

以下のプログラムは，ピボタル・メカニズムに従って，公共財の供給水準などを求めるプログラムです。

最初に，プレーヤー数を設定した後，各プレーヤーの私的財の初期保有をリスト x，公共財からの真の便益をリスト v，そして各プレーヤーが表明した公共からの便益をリスト w に設定しています。これらの値は**例 2.7** に従っています。

次に，公共財供給水準 G の決定を行います。各プレーヤーが表明した評価値の合計が 0 以上なら公共財が 1 単位供給され，それ以外なら公共財は供給されません。

それから，各プレーヤー i のクラーク税 t の計算をします。プレーヤー全員が表明した便益の合計と，プレーヤー i を除いた便益の合計の符号が異なる場合にクラーク税が徴収されます。プレーヤー i を除く評価値の合計の絶対値が，プレーヤー i の支払うクラーク税になります。

最後に，各プレーヤーの利得を順番に計算し，それを画面表示します。利得は，私的財の量に公共財の便益を足し，そこからクラーク税を引いた値になります。

```
# Pivotal mechanism
print('ピボタル・メカニズム')
print()

# プレーヤーの数：
N = 3

# 私的財の初期保有
x = [2,2,2]

# 公共財からの真の便益：
v = [3,1,-2]
for i in range(N):
    print('プレーヤー',i+1,'の公共財に対する真の便益 = ',v[i])
print()

# 各プレーヤーの表明する公共財からの便益：
w = [3,1,-2]
for i in range(N):
```

```
    print('プレーヤー',i+1,'の表明する公共財の便益 = ',w[i])
print()

# 公共財供給水準の決定
if sum(w) >= 0:
    G = 1
else:
    G = 0
print('公共財供給水準 = ',G)
print()

# クラーク税の計算
t = [0]*N
for i in range(N):
    sum_i = sum(w)-w[i]
    if sum(w)*sum_i < 0:
        t[i] = abs(sum_i)
    else:
        t[i] = 0
    print('プレーヤー',i+1,'のクラーク税 = ',t[i])
print()

# 各プレーヤーの利得
payoff = [0]*N
for i in range(N):
    payoff[i] = x[i]+v[i]*G-t[i]
    print('プレーヤー',i+1,'の利得 = ',payoff[i])
```

このプログラムを実行すると，以下の結果が画面に出力されます。**例 2.7** と同じ結果になっていることを確かめてみてください。

```
ピボタル・メカニズム

プレーヤー1の公共財に対する真の便益 = 3
プレーヤー2の公共財に対する真の便益 = 1
プレーヤー3の公共財に対する真の便益 = -2
```

```
プレーヤー1の表明する公共財の便益 = 3
プレーヤー2の表明する公共財の便益 = 1
プレーヤー3の表明する公共財の便益 = -2

公共財供給水準 = 1

プレーヤー1のクラーク税 = 1
プレーヤー2のクラーク税 = 0
プレーヤー3のクラーク税 = 0

プレーヤー1の利得 = 4
プレーヤー2の利得 = 3
プレーヤー3の利得 = 0
```

プログラム 2.3　ウォーカー・メカニズム

以下のプログラムは，ウォーカー・メカニズムに従って，公共財の供給水準などを求めるプログラムです。

最初に，数値計算モジュール numpy にある連立1次方程式を計算する機能を利用するために import numpy as np という宣言をしています。

プレーヤー数を設定した後，各プレーヤーが G の水準の公共財から得る便益 v は，本文の例のとおり2次関数とし，各プレーヤーにとってその係数を左から順にリスト a に設定します。ここでは**例 2.10** に従って，係数の値は各プレーヤーともに1に設定しています。

それから，公共財生産の限界費用 Q を1に設定し，各プレーヤーの費用負担比率をリスト q に設定し，それを画面表示します。ここでは，各プレーヤーの費用負担割合は均等割りになっています。

次に，各プレーヤーの公共財に対する追加需要を，各プレーヤーの最適反応から連立1次方程式を解いて求めます。最初に，numpy にある matrix コマンドで，連立1次方程式の左辺の係数行列 A と右辺の定数ベクトル B を設定します。そのうえで，linalg.solve 関数によって解を求めます。最後に，解から各プレーヤーの追加需要を取り出してリスト x に格納します。

この後，公共財の供給水準 G を追加需要の合計として求めています。それから，各プレーヤーの追加費用負担額 t を，各プレーヤーの左隣と右隣のプレーヤーの追加需要額に基づいて決定します。具体的には，右隣のプレーヤーの追加需要から左隣のプレーヤーの追加需要を引いた値になります。なお，左隣と右隣のプレーヤーの番号は，本文でも説明したとおり，プレーヤー数 N で割った余りとして求めています。

最後に，各プレーヤーの利得を順番に計算し，それを画面表示します。利得は，公共財の便益から費用負担額を引いた値になります。

```
# Walker mechanism
print('ウォーカー・メカニズム')
print()

import numpy as np

# プレーヤーの数：
N = 3

# 公共財からの便益：
# v = G-0.5*a[i]*G**2
# 便益関数のパラメータ：
a = [1,1,1]

# 公共財生産の限界費用：
Q = 1

# 費用負担割合
q = [0]*N
for i in range(N):
     q[i]=Q/N
     print('プレーヤー',i+1,'の費用負担割合 = ',q[i])
print()

# 連立1次方程式AX=Bを解く

# 左辺の係数行列の値を設定
A = np.matrix([
    [1,0,2],
    [2,1,0],
```

```
    [0,2,1]
])

# 右辺の定数ベクトルの値を設定
B = np.matrix([
    [1.0-q[0]],
    [1.0-q[1]],
    [1.0-q[2]]
])

# 連立1次方程式の解を求める
s = np.linalg.solve(A,B)

# ナッシュ均衡における各プレーヤーの表明する公共財追加需要
x=[0]*N
for i in range(N):
     x[i]=s[i,0]
     print('プレーヤー',i+1,'の表明する公共財追加需要 = ',x[i])
print()

# 公共財供給水準の決定
G = sum(x)
print('公共財供給水準 = ',G)
print()

# 追加費用負担割合の計算
t = [0]*N
for i in range(N):
     left=(i+1)%N
     right=(i-1)%N
     t[i]=x[right]-x[left]
     print('プレーヤー',i+1,'の追加費用負担割合 = ',t[i])

# 各プレーヤーの利得
payoff = [0]*N
for i in range(N):
     payoff[i] = G-0.5*a[i]*G**2-(q[i]+t[i])*G
```

```
        print('プレーヤー',i+1,'の利得 = ',payoff[i])
```

このプログラムを実行すると，以下の結果が画面に出力されます。**例 2.10** と同じ結果になっていることを確かめてみてください。なお，$2/9 = 0.222$ であり，$-5.551e-17 = -5.551 \times 10^{-17} \fallingdotseq 0$，$2.777e-17 = 2.777 \times 10^{-17} \fallingdotseq 0$ であることに注意してください。

```
ウォーカー・メカニズム

プレーヤー1の費用負担割合 = 0.3333333333333333
プレーヤー2の費用負担割合 = 0.3333333333333333
プレーヤー3の費用負担割合 = 0.3333333333333333

プレーヤー1の表明する公共財追加需要 = 0.22222222222222224
プレーヤー2の表明する公共財追加需要 = 0.22222222222222227
プレーヤー3の表明する公共財追加需要 = 0.2222222222222222

公共財供給水準 = 0.6666666666666667

プレーヤー1の追加費用負担割合 = -5.551115123125783e-17
プレーヤー2の追加費用負担割合 = 2.7755575615628914e-17
プレーヤー3の追加費用負担割合 = 2.7755575615628914e-17

プレーヤー1の利得 = 0.22222222222222227
プレーヤー2の利得 = 0.2222222222222222
プレーヤー3の利得 = 0.2222222222222222
```

第3章 オークション理論

Introduction

本章では，マーケット・デザインの主要な応用先であるオークションについて考えていきます。単一の財を販売する場合のオークションから始めて，複数の財を同時に販売する場合までを説明していきます。このようなオークションを考えていくうえで重要なのが，2位価格オークションやVCGメカニズムです。2位価格オークションやVCGメカニズムは，前章の公共財供給問題において，準線形効用関数のもとでは耐戦略性を満たす唯一のメカニズムであったグローブス・メカニズムの特殊ケースになります（VCGとはVickrey-Clarke-Grovesの頭文字です）。したがって，2位価格オークションやVCGメカニズムもまた耐戦略性を満たします。そういう意味で，これらのオークション方式は，マーケット・デザインでは重要なものなのです。

3.1 古代バビロニアの結婚オークション

次頁の写真をご覧ください。こちらは19世紀イギリスの画家エドウィン・ロング（1829-1891）が描いた『バビロンの花嫁市場』という絵画です。手前にはうら若い女性たちが，それぞれさまざまな想いを秘めて腰を下ろしています。隣同士で会話をしたり，手鏡を覗いたりしている女性もいます。そんな女性たちの1人が，居並ぶ男性たちの前で壇上に立たされています。

この絵は，キケロによって「歴史の父」と呼ばれたギリシア人ヘロドトスが，その著書『歴史』の中で記した，次のようなオークションの事例を描いたものです。

写真　エドウィン・ロング『バビロンの花嫁市場』(提供：アフロ)

「それは部落ごとに毎年一回次のような行事が行なわれたのである。嫁入りの年頃になった娘を全部集めて一所に連れてゆき，その周りを男たちが大勢とり囲む。呼出人が娘を一人ずつ立たせて売りに出すのである。先ず中で一番器量のよい娘からはじめるが，この娘がよい値で売れると，次に二番目に器量のよい娘を呼び上げる。ただし娘たちは結婚のために売られるのである」(ヘロドトス，邦訳，196節，p.146)

この文章によれば，古代バビロニアの部落で年に一度のお見合いを，オークションという形式で行っていたということがわかります。これだけを読むと，女性の性を売り物にした，現代の観点からは許容できない因習に思われるかもしれませんが，マーケット・デザインの観点からは興味深い側面もありますので，もう少しだけ辛抱して読み進めてください。

さて，当然，部落の内部には貧富の格差もあるので，望みの相手を「競り落とす」のは決まって裕福な家庭に育った男たちです。しかし，この古代バビロニア人の結婚オークションにはある「ひねり」が加えてありました。

「嫁を貰う適齢期になったバビロンの青年たちの中でも富裕なものは，互いに値をせり上げて一番器量よしの娘を買おうとする。しかし庶民階級の適齢者は，器量のよいことなどは求めず，金を貰ってむしろ醜い娘を手に入れるのが通例であった。というのは，呼出人が一番器量のよい娘たちを一通り売り終わると，今度は一番器量の悪い娘あるいは娘の中に不具のものがあればその不具の娘を立たせ，最少額の金を貰ってこの娘を娶(めと)ろうという男は誰かということで，この娘をせりに出すのであるが，結局娘は最少の額を申し出た者に落ちる。金は器量のよい娘たちから入るのであるから，要するに器量のよい娘が，不器量な娘や不具の娘に持参金をもたせて嫁入りさせたことになるのである」(同上，p.147)

このように，裕福な家庭に育った男たちは，金にものを言わせて望みの女性を手に入れるのですが，貧乏な家庭に育った男たちは，裕福な男たちが支払った「代金」から，器量のあまりよくない女性を嫁にもらう代償として持参金を受け取る仕組みだったのです。つまり，金持ちからお金を取り，貧乏人にそれを配分する**社会的再分配**の仕組みになっていたのです。

また，オークションで売りに出されるという意味では女性にとって屈辱的なこの結婚オークションですが，

「当人同士の折合いがうまくゆかぬときには，男が持参金を返す慣習になっていた」(同上，p.147)

とありますから，どうやら競り落とした相手の男性が気に入らなければ，女性はその結婚を拒否することができたようです[1]。

ここで興味深いのは，今から3000年近く前の時代から，結婚についてはマーケット・デザインの考え方が応用されていたという事実です。

昨今では，さすがにオークションで結婚相手を決めることはないですが，「出会い系サイト」から「婚活」，マッチング・アプリまで，適齢期の男女が結婚相手を探す手助けをしようとする（なかには悪徳業者もいるかもしれませんが）ビジネスが盛んです。実はそこにも，後の章で取り扱う予定のマッチング理論も含めて，マーケット・デザインの成果を生かせるのではないかと思います。

3.2 ヤフオク！の自動入札

2007年にアメリカ最大のネットオークション・サイト，eBayと提携したYahoo! Japanは，日本国内では最大規模のネットオークション・サイト，ヤ

---

1) この文章では，貧乏人が不器量な女性を引き取る際の持参金を返すという意味にとれますが，翻訳者の注によれば，「ここのところは文意に多少の疑問がある。ここには庶民階級の場合に限られたこととして訳したが，テキスト自体は全般についていっているようにもとれる。その場合には，要するに売買契約が御破算になって金が返される，という意にとるほかはない」(ヘロドトス，邦訳，訳注，p.412) ということだそうです。

フオク！を運営しています。

ヤフオク！では，買い手が出品されている商品に対して価格を入札しますが，最低入札価格となる「開始価格」が設定されていて，それ以上の価格から入札を開始します。

入札が開始されると，買い手は次々と価格を競り上げていくことができますが，逐一パソコン画面を見つめて価格の変動をチェックしている必要はありません。自動入札機能というものがあり，あらかじめ設定した価格になるまで，他の人が入札をするたびに，自動的に一定の価格を上乗せした価格をコンピュータが入札してくれる仕組みがあります。

この上乗せされる価格は入札単位といって，入札されている価格が高くなるほど大きな値になります。1000 円未満ならば入札単位は 10 円ですが，入札価格が上昇していくと，100 円，250 円，500 円となっていきます。入札価格が 5 万円以上では入札単位は 1000 円となりますが，入札単位はこれ以上上昇することはありません。

例えば，自動入札機能を使って，3000 円という価格を設定したとします。その後，他の買い手が 1500 円という価格を入札すると，それはまだ設定した 3000 円以上ではないので，自動的に一定額，この場合では 100 円を上乗せした価格 1600 円をコンピュータが自分の代わりに入札してくれるのです。

ですので，自動入札機能を用いれば，入札終了時刻が深夜などで，その時間まで起きていられないといった場合でも安心して入札に参加できます。

しかし，自動入札機能のよいところはそれだけではないのです。この自動入札機能を用いた入札は，実は**2 位価格オークション**と呼ばれる方式に近いものになっているのです[2)]。ここで，2 位価格オークションとは，最も高い価格を入札した人が落札して 2 番目に高い価格を支払う方式のことです。

例えば，先ほどの例と同様に，自動入札機能を使って 3000 円という価格を設定したとします。この後，他の買い手が入札をして価格は上昇していきますが，あなたの設定した 3000 円以上の価格が現れなかったとすれば，あなたが支払う額は 3000 円ではなく，あなた以外の人が最後に入札した価格，すなわ

2)　自動入札機能で設定した価格は後で（より高い価格に）変更可能であるので，厳密には 2 位価格オークションとはいえない部分もあります。そのほか，こうしたネットオークションの入札方式と 2 位価格オークションとの違いについては，スティグリッツ（2008）の第 2 章を参照してください。

ち，2番目に高い価格になるのです。例えば，あなた以外の人が最後に入札した価格が2600円なら，あなたが支払うべき価格はこの2番目の価格（に最小の入札単位を足した額）になるのです。

さて，ヤフオク！の仕組みが基本的には2位価格オークションであることがわかりましたが，それでは自動入札機能でいったいいくらの価格を設定するのがよいのでしょうか？　そこで，次に2位価格オークションの仕組みを詳しく調べて，最適戦略がどのようなものであるかを明らかにしていきましょう。

3.3　さまざまなオークション

1位の価格を入札した人が落札し，2位の価格を支払うという2位価格オークションにおける最適戦略を詳しく調べた最初の人は，ウィリアム・ヴィッカレー（1914-1996）でした。ヴィッカレーは，この2位価格オークションを含むオークションに関する理論研究の先駆者として，1996年にノーベル経済学賞を授与されましたが，不幸にもその発表の3日後に交通事故で亡くなってしまいました。

さて，2位価格オークションの性質をこれから調べていくに当たって，最初にさまざまなオークション方式を分類して整理することから始めましょう。

貴重な美術品や原油などの天然資源，プレミアの付いたレアな物品（お宝）など，繰り返し同一の財が取引されることがない場合には，通常の市場は成立しづらいものです。

こうした財の場合，これまで誰も取引したことがないために適正な価格がいくらになるのかわかりませんし，またそれを手に入れようと思う買い手がいるのかどうかさえもよくわからないことが多いからです。

しかし，こうした場合にはオークションという手段が使えます。オークションには，一般的に1人の売り手に複数の買い手が付く場合と，逆に1人の買い手に複数の売り手が付く場合があります。前者の場合は美術品のオークションが典型的な例で，後者の場合は公共工事の入札がその例になります。

美術品のオークションでは，珍しい美術品を出品する1人の売り手に対して，それに興味を持った複数の買い手が互いに競い合います。公共工事の入札の場合，政府や地方自治体から提示された建設工事の依頼に対して，複数の業者がその工事をいくらで請け負うことができるか（つまり，建設サービスをいくらで提供するか），その（販売）価格を入札します。

経済学的には，オークションは，私的価値オークション，共通価値オークション，関連価値オークションに分類されます。

私的価値（private value）**オークション**は，オークションで取引される財の評価が，入札する人によって異なるようなオークションのことです。美術品や古書，骨董品や切手を（転売目的ではなく）個人のコレクションとして入手しようと考える人にとっては，そうした財を手に入れるためにどれだけの価格を支払ってもよいか，その評価は人それぞれのはずです。

いま，1人の売り手に複数の買い手がついているようなオークションを想定するとき，こうした私的価値オークションでの販売ルール（入札方式）には，競りのように口頭で（あるいはコンピュータの画面上で）逐一購買希望価格を提示していくような**口頭**（oral）**オークション**もあれば，それぞれ価格を封に入れて（あるいはコンピュータを使って）一度きりの入札をする**封印**（sealed bid）**オークション**まで，さまざまな方式が存在します。当然，こうした入札方式が違えば，そこでの最適な入札戦略も違ってきます。

一方，**共通価値**（common value）**オークション**は，オークションで取引される財の評価が，入札する全員にとって等しいような場合です。有名な例は，原油の採掘権です。それを手に入れれば億万長者になれるわけですから，誰もがその権利を獲得したいはずです。その意味で，原油採掘権の価値は全員共通になっていると考えられます。

このように，原油採掘権は手に入れればその価値は全員にとって共通なのですが，実際に採掘してみるまではどれくらいの量の原油がそこに埋まっているのかはわかりません。そのため，激しく競争し，大枚をはたいて原油採掘権を手に入れたにもかかわらず，わずかな原油しか採掘できず大損するといった事態もよく起こります。こうした現象を「**勝者の呪い**」（winner's curse）といいます。

最後に，**関連価値**（affiliated value）**オークション**とは，オークションで取引される財の評価の間に関連性があるような場合です。関連価値オークションの研究のきっかけになった有名な例は**周波数オークション**です。

アメリカを中心に，通信事業の自由化が起こり，それまで規制のかかっていた周波数を利用する権利がオークションによって販売されるようになりました。その際，通信事業での利用に当たっては，一定の幅の周波数帯を利用する権利をまとめて入手しないと利用価値が少ないということがありました。これは，周波数帯 A と B，それぞれ単体では価値は少ないが，$A+B$ を手に入れられれば価値が上がるということです。

こうした性質を持った財を取引する場合を関連価値オークションといいます。関連価値オークションの場合，複数の財をどのように組み合わせて，誰に販売するのが最も望ましいのかという問題を考えますので，**組み合わせオークション**（combinatorial auction）などとも呼ばれます。

アメリカの場合には，こうした関連価値オークションの研究が，実際に周波数オークションのデザインやその実施の際に役立てられ，マーケット・デザインという研究領域が一般にも広く知られるようになりました。

3.4 2位価格オークション

さて，2位価格オークションの性質を調べていくにあたっては，さしあたり，先ほどのオークションの分類でいえば，私的価値オークションに限定して議論していきましょう。組み合わせオークションのような関連価値オークションの場合については，本章の後半でVCGメカニズムを使って説明します。

まず，2位価格オークションのルールは以下のようになります。

2位価格オークション

単一の財がオークションで販売されているとします。

ステップ1　各プレーヤーは同時に財に対する価格を入札します。

ステップ2　最高の価格を入札したプレーヤーが落札者となり，財を手に入れます。

ステップ3　落札者は2番目に高い価格を支払います。それ以外のプレーヤーは何も手に入れられない代わりに，何も支払う必要はありません。

一方で，私的価値オークションで，1人の売り手に複数の買い手がついているような場合について，最もよく知られているのは**競り上げ式**（ascending）あるいは**イギリス式**（English）**オークション**です。身近なところでは，魚市場での競りや，サザビーズやクリスティズといったオークション・ハウスで実施されている美術品のオークションが競り上げ式オークションの例になります。この競り上げ式オークションのルールは以下のようになります。

競り上げ式（イギリス式）オークション

単一の財がオークションで販売されているとします。

ステップ1　オークショニア（売り手）が最初に開始価格を宣言します。

ステップ2　オークショニアは，価格を一定幅で上昇させます。それをこの時点での最高価格とします。

ステップ3　その時点での最高価格で財を落札する意志があるプレーヤーはオークションに残り，それ以外のプレーヤーはオークションを降ります。

ステップ4　もし，ステップ3で残っているプレーヤーが1人しかいない場合，そのプレーヤーが落札者となり，その財を手に入れステップ5に進みます。そうでない場合，ステップ3に戻ります。

ステップ5　落札者はその時点での最高価格を支払います。それ以外のプレーヤーは何も手に入れられない代わりに，何も支払う必要はありません。

実は，2位価格オークションは，見かけ上のルールは違いますが，この競り上げ式オークションと全く同じ結果をもたらすオークション方式になっています。このことを**戦略的同値性**（strategic equivalence）といいます。

■ 例3.1　2位価格オークションと競り上げ式オークションの戦略的同値性

例えば，いま2人の入札者AとBが競り上げ式オークションにおいて，ある美術品を落札しようと競い合っているとします。いまは私的価値オークションを考えていますから，ここでAとBにとっての美術品の評価値は一般に異なります。仮に，Aにとっての評価値は10億円で，Bにとっての評価値は6億円だとします。もちろん，2人とも相手の評価値は知りませんが，自分の評価値はわかっているものとします。

開始価格が3億円で，競りは1000万円単位で行われるとします。オークショニアがだんだんと値を釣り上げていくなか，AとBは互いに相手の出方を伺います。

しかし，オークショニアが提示する金額が6億円ちょうどになった瞬間，その時点でなおAには入札の意志があるのを見て，Bはオークションから降りることになるでしょう。なぜなら，6億円と評価している美術品を6億円で買っても利益は0円ですし，それ以上に値が上がれば，赤字で購入することになって損です。

したがって，この2人の間で競り上げ式オークションを行えば，①一番高い評価値を持つAが落札し，②2位の評価値をもつBの評価値，つまり6億円を支払うことになるはずです（図3.1）。

では，上記と全く同じ条件のもとで，今度は2人が2位価格オークションで競い合えば，どのような結果になるでしょうか？ 実は全く同じ結果になるのです。なぜなら，この後で説明しますが，2位価格オークションにおける支配戦略は，自分の評価値を正直にそのまま入札することだからです。この例では，Aは10億円，Bは6億円を入札し，より高い値を付けたAが落札し，2番目の価格である6億円を支払うことになります。これは，競り上げ式オークションの場合と全く同じ結果になりますので，2位価格オークションと競り上げ式オークションは戦略的に同値であることがわかりました。

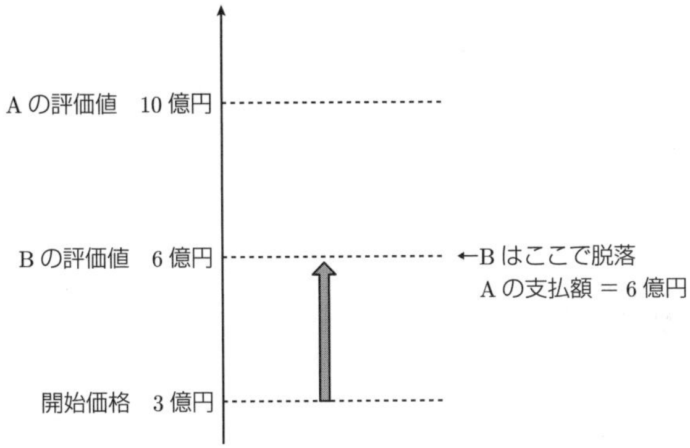

図3.1　競り上げ式オークションと2位価格オークション

このように，競り上げ式オークションと2位価格オークションは，見かけ上，全く異なるルールの入札方式ですが，常に同じ結果を導くという意味で同値のオークションなのです。

ここでカギとなるのが，2位価格オークションにおいては，自分の評価値をそのまま正直に入札することが支配戦略になっている，つまり，2位価格オークションは耐戦略性を満たすという事実です。

まず，直観的な理解を進めるために，1位価格オークションと2位価格オークションとを対比して考えてみましょう。

なお，**1 位価格オークション**とは，入札者の中で最高の価格を付けた人が落札し，1 位の価格，すなわち，落札者自身が付けた価格を支払うというものです。公共工事入札では通常，この 1 位価格オークションが用いられます（ただし，売り手と買い手の立場が逆ですが）。

どちらのオークションでも，なるべく高い価格を入札した方が落札できるチャンス（落札確率）は上がりますが，利益を出そうと思えば，落札した際の支払額は自分の評価値以下になるようにすべきです。

この利益と落札確率をともに高めたいという動機のバランスをとるのが，オークションにおける最適戦略の基礎にある考えになります。

いま，一般に n 人のプレーヤーがいて，オークションで販売される財に対する各プレーヤー i の評価値を v_i，プレーヤー i の入札する価格を b_i，プレーヤー i が落札する確率を P_i としますと，プレーヤー i が落札した場合，b_i を支払って評価値 v_i の財を手に入れるので，1 位価格オークションにおけるプレーヤー i の期待利得 $E\pi_i^1$ は，

$$E\pi_i^1 = (v_i - b_i) \times P_i$$

となります。ここでプレーヤー i の落札確率 P_i は，すべてのプレーヤーが入札した価格のプロファイル $b = (b_1, \cdots, b_n)$ に依存して決まります。プレーヤー i は，この期待利得を最大にするような価格を入札することになります。

1 位価格オークションの場合，落札すれば自分が入札した価格を支払うことになります。つまり，落札した場合の利得は $(v_i - b_i)$ となるので，プラスの利得を得ようと思うなら，なるべく自分の評価値 v_i 以下の価格 b_i で落札したいはずです。この性質は一般的に成り立ち，1 位価格オークションでは，自分の評価値以下の価格をビッドすることが最適戦略になります。

具体的には，各プレーヤー i の評価値が区間 $[0, 1]$ の実数から一様分布に従って独立に選ばれており，各プレーヤーが対称的な戦略，つまり，同一の入札戦略を使用しているとき，プレーヤー i の最適なビッド b_i は

$$b_i = \frac{n-1}{n} v_i = \left(1 - \frac{1}{n}\right) v_i \leq v_i \tag{3.1}$$

になります（**補論 3.1** を参照）。これからわかるように，プレーヤー i の最適なビッド b_i はその真の評価値 v_i 以下の値になります。なお，オークション参加

人数 n が十分に大きくなると，$1/n \to 0$ となるので，$b_i = v_i$，つまり，最適なビッドは真の評価値に等しくなります。これは，直観的には，オークション参加人数が多くなるにつれて競争が激しくなり，入札価格を評価値まで高くしないと落札できなくなるという事実を反映しています。

補論 3.1　1位価格オークションにおける最適戦略

まず，区間 $[0,1]$ の一様分布の確率密度関数 $f(v)$ およびその分布関数 $F(v)$ は以下のようになります。

$$f(v) = 1, \quad F(v) = v$$

評価値 $v = x$ の場合を図解すると，図3.2のようになります。実際，一様分布のもとでは x が区間 $[0,1]$ 上のどの値であっても等しい確率で選ばれますので，その確率密度は常に1となっています。図のグレー部分の面積は評価値 v が x 以下の値となる確率を表しています。これは確率密度を $[0,x]$ の範囲で合計（積分）した値なので，分布関数 $F(x)$ ということになります。

いま真の評価値が v であるプレーヤーが，1位価格オークションにおいて価格 $b(w)$ を入札した場合の期待利得は以下のようになります。

$$E\pi = (v - b(w)) \times F^{n-1}(w)$$

ここで，$b(\cdot)$ は最適な入札価格を決めるビッド関数で，すべてのプレーヤーにとって共通のものとします（対称的な戦略を仮定）。w はビッド関数に入力する値になります。なお，この入力する値が高いほど高い価格を入札することになるので，$b(\cdot)$ は単調増加関数だと仮定します。つまり，

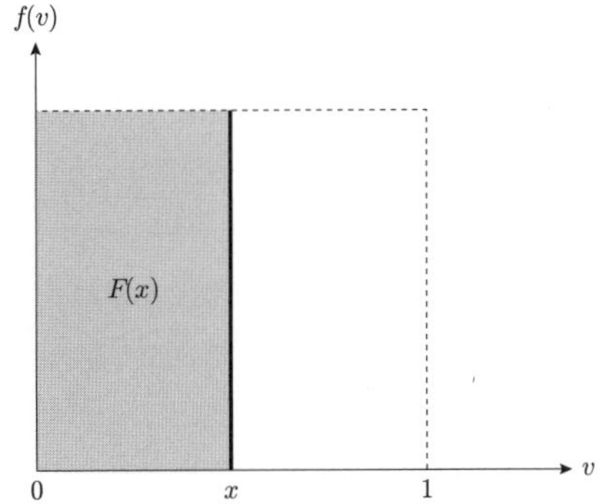

図3.2　区間 $[\mathbf{0},\mathbf{1}]$ の一様分布

$$w > w' \Longleftrightarrow b(w) > b(w')$$

ということです。

さて，$F(w)$ は評価値が w 以下である確率なので，他の $n-1$ 人のプレーヤーがビッド関数に入力した評価値が w 以下である確率は $F(w)$ を $n-1$ 回掛け合わせることで得られます。つまり，$F^{n-1}(w)$ はプレーヤーがビッド関数に入力した値が w のときの，このプレーヤーの落札確率になります。

ビッド関数 $b(\cdot)$ が最適な入札価格を決めるものであることから，$w=v$ のときにプレーヤーの期待利得を最大にするはずです。したがって，期待利得を微分して $w=v$ を代入したときにちょうどゼロとなる（極値を取る）という条件から，

$$\left.\frac{\partial \pi}{\partial w}\right|_{w=v} = (n-1)(v-b(v))F^{n-2}(v)f(v) - b'(v)F^{n-1}(v) = 0$$

この式を整理すると，

$$(n-1)vF^{n-2}(v) = (n-1)b(v)F^{n-2}(v)f(v) + b'(v)F^{n-1}(v)$$

この式の右辺は $b(v)F^{n-1}(v)$ を微分したものであることに注意すると，

$$(n-1)vF^{n-2}(v)f(v) = [b(v)F^{n-1}(v)]'$$

となります。この両辺を積分すれば，

$$(n-1)\int vF^{n-2}(v)f(v)dv = b(v)F^{n-1}(v) + C$$

となります。C は積分定数です。ここで，一様分布の確率密度関数 $f(v)=1$ および分布関数 $F(v)=v$ を代入すると，$b(0), F(0)=0$ より $C=0$ となりますので，

$$(n-1)\int v^{n-1}dv = \frac{n-1}{n}v^n = b(v)v^{n-1}$$

となります。この両辺を v^{n-1} で割って整理すると，1位価格オークションにおける最適な入札価格を決めるビッド関数が以下のように求まります。

$$b(v) = \frac{n-1}{n}v$$

ところが，2位価格オークションの場合，プレーヤー i が落札すると，プレーヤー i 以外で最も高い価格，つまり，2位のビッド s_i を支払いますので，落札した場合の利得は $(v_i - s_i)$ となります。したがって，仮に自分の評価値 v_i と同じ値の価格を入札したとしても，自分が落札者になれば，支払うべき

金額である 2 位の価格 s_i は自分の評価値以下なので，プラスの利益が生まれます。したがって，2 位価格オークションにおける最適なビッドは，1 位価格オークションの場合よりも高くなると予想できます。

では，自分の評価値以上の価格を入札するとどうなるでしょうか？ 支払うのは 2 位の価格だからということで，落札確率を上げようと思ってこのような行動をしようという誘惑にかられます。しかし，この場合，利益がマイナスになる危険性があります。

例えば，自分の評価値が 6 億円のとき，落札確率を高めようと思って 8 億円を入札したとします。結果的に自分が落札できましたが，2 位の価格が 7 億円だったとします。このときには，利益はマイナス 1 億円となってしまいます。

ところが，入札価格をちょうど自分の評価値と等しくしておけば，このように利益がマイナスになる危険性を完全に避けることができるとともに，すでに見たように落札した場合には必ずプラスの利益が得られます。

したがって，ビッド b_i を自分の評価値 v_i に等しくすることが 2 位価格オークションの最適戦略になります。そして，オークション参加者が全員この最適戦略に従って入札を行うなら，先ほど述べたように，2 位価格オークションは競り上げ式オークションと全く同じ結果をもたらす同値のオークションになります。

さらに，2 位価格オークションのもとでは，各プレーヤーはその評価値に等しい値の価格を入札することが，他のプレーヤーが入札する価格に関係なく最適である，つまり，**支配戦略**であることを示すことができます（Web 付録の補論 3.2 を参照）。

このことから，2 位価格オークションでは，選好（= 評価値）を正直に表明（= 入札）することが支配戦略になっているので**耐戦略性**を満たしていることになります。

また，2 位価格オークションが耐戦略性を満たすことから，**効率性**も満たしていることがわかります。ここで，効率性とは，オークションで販売される財が最も必要としている人のところに適切に配分されることと定義されます。2 位価格オークションではすべてのプレーヤーが自分の評価値を入札するので，最も高い評価値を持つプレーヤーが必ず落札することになります。よって，2 位価格オークションでは，オークションで販売される財を最も必要としている人のところに適切に配分されることになるので，効率的な配分が実現されます。

また，2位価格オークションにおいてすべてのプレーヤーが支配戦略をプレーする均衡において，落札者の利得は $v - s$ となりますが，落札者の評価値 v は2位の評価値 s より高く，耐戦略性よりすべてのプレーヤーが正直に自分の評価値を表明するので，必ず $v - s > 0$ となります。また，落札者以外はオークションで何も得ることがない代わりに何も支払う必要はないので，その利得はゼロになります。このように，2位価格オークションでは均衡において，どのプレーヤーもオークションに参加する前と比べて，参加した後の利得が低くなることはありません。つまり，2位価格オークションは**個人合理性**も満たしています。

結果 3.1　2位価格オークションは，耐戦略性，効率性，および個人合理性を満たす

実際，2位価格オークションはグローブス・メカニズムの一種であり，ここで考えているプレーヤーの効用関数は準線形であるので，2位価格オークションが耐戦略性と効率性を満たすのは，前章の議論から明らかです。さらに，財を購入するという買い手の立場でオークションを考えると，さらに個人合理性も満たすというわけです（Web付録の補論3.3を参照）。

なお，章末には，1位価格オークションや2位価格オークション，さらには一般的に k 位価格オークション（$1 \leq k \leq n$）におけるオークションの結果を決定するためのPythonプログラム（プログラム3.1）を掲載しています。参加人数などいろいろと条件を変えて，それぞれのオークション方式のもとでどのような結果になるのか確かめてみてください。

3.5　収益同値定理

2位価格オークションは効率性，個人合理性，耐戦略性を満たすということがわかりました。2位価格オークションは効率性を満たしているため，財を最も高く評価しているプレーヤーが落札します。これは売り手にとっては，入札者の中で最も高く買ってくれる人に財が渡ることを意味します。買い手にとっても，財を最も高く評価しているプレーヤーが落札するので，自分より財を低

く評価しているプレーヤーに落札されて悔しい思いをするといったことがありません。また，2位価格オークションは個人合理性を満たしているので，買い手は進んでオークションに参加することになります。最後に，2位価格オークションは耐戦略性が満たされているので，売り手は財に対する買い手の真実の評価を知ることができます。

このように，2位価格オークションは望ましい性質をいろいろと持っているのですが，売り手にとっては，それ以上に，自分の財をどれだけ高く買ってもらえるか，つまり，オークションから得られる収益の方が重要だと考えられます。確かに，2位価格オークションが効率性を満たしていることから，財を最も高く評価しているプレーヤーが落札してくれるにしても，そのとき落札者が支払う価格は2番目に高い価格ですから，売り手にとっては，この価格がこの財が落札される際に得られる最高価格なのかどうかが気になるところです。そこで，売り手は，他のオークション方式ならばもっと高く売れたかもしれないと考えることでしょう。

ところが，これまで考えてきた私的価値オークションで1つの財を販売する場合には，（いくつかの標準的な条件のもとで）2位価格オークションよりも売り手の収益が大きくなるようなオークション方式を見つけることはできないのです。これを**収益同値定理**（revenue equivalence theorem）といいます。この定理を最初に証明したのもヴィッカレーでした。

この収益同値定理は，オークション理論の中で最も重要な成果の1つです。なぜなら，それはオークションという方式を通じて売り手が取引から期待できる収益の上限（＝2位価格オークションのもとで期待収益）を明らかにするものだからです。

次に，もう少し詳しくこの定理が成立する条件について説明してみます。

まずプレーヤーは皆**リスク中立的**な人であると仮定されます。リスク中立性とは，簡単にいえば，期待値が同じならば，リスクのある選択でもリスクのない選択でもどちらでもかまわないと考える場合をいいます。例えば，100% 確実に1億円が得られる投資と，10% の確率で10億円だが 90% の確率で0円になる投資では，どちらも期待値は1億円なので，どちらでもかまわないという人はリスク中立的な人になります。

それとよく対照されるのが**リスク回避性**です。これは，期待値が同じでも，リスクの少ない選択の方を好むということです。先ほどの例では，100% 確実に1億円が得られる投資の方を好む人はリスク回避的な人になります。

次に，プレーヤーは**対称的**であると仮定します。対称的とは，簡単にいえば，みんなが持っている情報の量や質は同一であるということです。

オークション理論では一般的に，プレーヤーは自分自身の評価値は知っているが，他のプレーヤーの評価値については正確にはわからず，その確率分布だけを知っていると仮定されます。つまり，他のプレーヤーの評価値がどういう値の範囲にあり，その範囲の中からそれぞれの評価値がどのような確率で選ばれているかという情報は持っていますが，相手が具体的にどのような評価値を持っているか，その実現値までは知らない，という**情報の非対称性**を想定します。

例えば，相手の財の評価値は，1億円から5億円の範囲にあり，その間にある値のどれであるかはどれも等しい確率である（1億円単位で考えれば，それぞれ1/5の確率），という情報は持っていますが，具体的に相手の評価値が3億円であることは知らない，ということです。

対称的であるというのは，この評価値が選ばれる範囲やその確率分布がプレーヤーの間で等しいということを意味します。つまり，先ほどの評価値がそれぞれ1億円から5億円の範囲から等確率で選ばれているという状況は，各プレーヤーが対称的な場合の例になります。

また，私的価値オークションを考えているので，プレーヤーの評価値は互いに**独立**だと仮定されます。つまり，自分の評価値が高いからといって，他人の評価値も高いと考える必然性はないということです（そういう場合は関連価値オークションで考えます）。

さて，このような設定のもとで，各プレーヤーがそれぞれのオークション方式のもとで最適戦略に従って入札するとします。当然，入札価格は評価値が高い人ほど高くなると予想されます。

こうしてオークションを行った結果は，評価値が最も高い人が落札することになります。ただし，各プレーヤーの支払額がどのように決まるかは，オークション方式によって異なります。オークション方式によっては，落札者以外も支払いをしなければならないことがあります。ただし，評価値がゼロの人の支払額はゼロになるものと仮定します。

このとき，以下の収益同値定理が成立します（その簡単な証明はWeb付録の補論3.4を参照のこと）。

結果 3.2（収益同値定理） ①私的価値オークションのもとで，②各プレーヤーは全員，リスク中立的でかつ対称的であり，最適戦略を用いて入札し，③評価値がゼロの人の支払額はゼロになる，という仮定を満たすすべてのオークションにおいて，売り手の期待収益はどれも等しくなる

つまり，売り手がこの定理の仮定を満たすどのように巧妙な入札方式を考えようとも，そこから得られる平均的な収益は，他の入札方式と変わらないということなのです。

これまで紹介してきた競り上げ式や1位価格，2位価格オークションはすべて，この定理の条件を満たしていますから，これらのオークションにおける売り手の期待収益，あるいは平均落札価格はどれも等しいことになります。

逆に，この定理の条件を満たさない例としては，落札者をランダムに決めるといった入札方式が考えられるでしょう。ただ，こうしたランダムな方式では，くじ引きの結果次第では評価値が最も高い人が落札できないことがあるので，当然売り手の期待収益は，2位価格オークションよりも低くなります。

このように収益同値定理は，オークションにおいて売り手が稼ぐことのできる期待収益の上限を明らかにするという意味で，一種の**不可能性定理**ともいえるでしょう。

章末には，この収益同値定理をシミュレーションによって検証するPythonプログラム（**プログラム3.2**）を用意しています。

そこで，このプログラムを実際に使ってみましょう。オークションをシミュレーションする回数を1000回として，オークション参加人数を2名，3名，5名，10名，20名，50名，100名と変えてプログラムを実行してみた結果が**表3.1**です。なお，各プレーヤーの評価値は，それぞれのオークションを同じ条件で比較するために同じ値を使用しています。それぞれのオークションにおける落札価格の平均値は，どのオークション参加人数についても，1位価格オークションと2位価格オークションでほぼ一致していることがわかるでしょう。

また，この結果は，理論的に計算した支払価格の平均値（表中の「理論値」）ともきわめてよく一致しています。なお，ここで考えている状況では，一般にn人のプレーヤーが参加する1位価格オークションと2位価格オークションでの落札価格の平均値Eは同じで，

表 3.1　それぞれのオークションにおける落札価格の平均値

参加人数	2名	3名	5名	10名	20名	50名	100名
理論値	0.333	0.500	0.667	0.818	0.905	0.961	0.980
1位価格オークション	0.333	0.502	0.666	0.820	0.906	0.962	0.981
2位価格オークション	0.338	0.501	0.667	0.821	0.907	0.962	0.981
ランダム1位価格オークション	0.244	0.332	0.384	0.459	0.474	0.482	0.498

$$E = \frac{n-1}{n+1}$$

となります。ここで，参加するプレーヤー数 n が十分に大きくなると，$E = 1$ に収束しますが，表 3.1 を見ても，オークション参加人数が増加するに従って，支払価格の平均値が 1 に近づいていくことが確認できます。

ほかに，落札者をランダムに決める 1 位価格オークションの場合の落札価格の平均値についても表 3.1 に記されています。シミュレーションの条件設定は，先ほどと同じです。この場合，評価値の平均値は 0.5 で，1 位価格オークションなので，落札価格の平均値は 1 位価格オークションにおける最適な入札価格を示した式 (3. 1) に評価値の平均値 0.5 を代入した

$$E(b) = 0.5 \times \frac{n-1}{n}$$

となります。ここで，参加するプレーヤー数 n が十分に大きくなると，$E(b) = 0.5$ に収束します。これは，通常の 1 位価格オークションの場合の支払額の平均の半分になります。

最後に，収益同値定理の別の使い道について説明します。これまで，1 位価格オークションや 2 位価格オークションにおける最適戦略を調べてきましたが，同様にして 3 位価格オークションや，より一般的に k 位価格オークション（$k \leq n$）における最適戦略を求めたいとします。

その場合，これまで見てきたように，各プレーヤーがその期待利得を最大にするという条件から求めていくことになりますが，ときとしてその計算は不可能なほど困難であることがありえます。ところが，収益同値定理によれば，こ

れらのオークションにおける売り手の期待収益はみな等しいことはわかっています。そこで，その事実を出発点として，こうしたオークションの最適戦略を売り手の期待収益から逆算することができます。そして，その方がより容易に計算できる場合さえあるのです。

■ 例 3.2 3 位価格オークションおよび k 位価格オークションの最適戦略

いま，一般に n 人が参加する 3 位価格オークションについて，評価値 v に対するビッド関数 $b(v)$ を求めることにします。ただし，各プレーヤーの評価値 v は区間 $[0,1]$ から独立に一様分布に従って選ばれているものとします。また，計算の単純化のために，以下のようにビッド関数は線形だと仮定します（実際，これは本当に最適戦略になります）。

$$b(v) = \beta v$$

ただし，β は定数です。以下では，すべてのプレーヤーがこのビッド関数を使用する対称的な場合を考えます。このとき，3 位価格オークションにおける売り手の収益の期待値 E^3 は，3 位の入札価格の期待値に等しいことになります。なお，値 x が k 番目である確率 $P(x)^k$ は，一般に以下の式で与えられます。

$$P(x)^k = \frac{n!}{(k-1)!(n-k)!}F(x)^{n-k}(1-F(x))^{k-1}$$

なお，$n!$ は n の階乗で $n! = 1 \times 2 \times \cdots \times n$ を表します。

さて，収益同値定理によれば，この 3 位価格オークションにおける売り手の収益の期待値 E^3 は，Web 付録の補論 3.4 で計算している 1 位価格オークションにおける売り手の収益の期待値 E^1 に一致するはずです。この事実を用いて，3 位価格オークションにおけるビッド関数 $b(v)$ における β を求めてみます。具体的には，以下の方程式を解けばよいことになります。

$$3\text{ 位の入札価格の期待値} = E^1$$

3 位の入札価格の期待値は，3 位だったプレーヤーの入札価格 $b(v)$ にそれが 3 位である確率を掛けて，評価値 v の取りうる範囲 $[0,1]$ にわたって合計（積分）した値になるはずです。よって，

$$\int_0^1 b(v) \times P(v)^3 dv = \int_0^1 \beta v \times \frac{n(n-1)(n-2)}{2} v^{n-3}(1-v)^2 dv$$

となります。ここで，区間 $[0,1]$ 上の一様分布における分布関数が $F(v) = v$ で

あることを用いています。右辺をさらに計算して整理すると，

$$\beta\frac{n(n-1)(n-2)}{2}\int_0^1(v^{n-2}-2v^{n-1}+v^n)dv=\beta\frac{n-2}{n+1}$$

この式が

$$E^1=\frac{n-1}{n+1}$$

に等しいことから，

$$\beta\frac{n-2}{n+1}=\frac{n-1}{n+1}$$

したがって，

$$\beta=\frac{n-1}{n-2}$$

となり，3位価格オークションにおけるビッド関数は

$$b(v)=\frac{n-1}{n-2}v$$

となります。$(n-1)/(n-2)>1$ より，$b(v)>v$ なので，3位価格オークションにおいては，評価値よりも高い価格で入札されることがわかります。

同様にして，一般に k 位価格オークション（$1\leq k\leq n$）におけるビッド関数を求めることができます。具体的には，k 番目の値 x_k の期待値 Ex_k は

$$Ex_k=\frac{n-k+1}{n+1}$$

であることを利用すると，

$$\int_0^1 b(v)\times P(v)^k dv=\beta\int_0^1 v\times P(v)^k dv=\beta Ex_k$$

これが1位価格オークションにおける売り手の収益の期待値 E^1 に一致するので，

$$b(v)=\frac{n-1}{n-k+1}v$$

となります。

3.6 複数財オークションの分類

ここまでは，単一の財を売り買いする場合のオークションを考えてきまし

た。そこでは，2位価格オークションが耐戦略性を満たす方式であることや，ほとんどのオークション方式において売り手の期待収益が等しくなるという収益同値定理といった，オークション方式を設計するうえで知っておくべき重要な事柄を学びました。

次に，同時に複数の財がオークションにかけられる場合を考えていきます。この場合に耐戦略的なオークション方式はVCG方式と呼ばれるグローブス・メカニズムの一種になります。しかし，こうした複数財のオークションでは，単一財のオークションには見られなかったような問題が発生します。

そうした問題を考える前に，まず複数財のオークションを分類することから始めてみましょう。

最初に，販売される財は同質的なのか，異質的なのかが問題になります。同一の品質の財を**同質財**といい，何らかの側面で質的に異なる財である場合は**異質財**といいます。例えば，同じワイナリーで同じ年に製造されたワインは同質財とみなせます。一方，美術品のオークションでは，それぞれ全く別の作品が競りにかけられるので異質財のオークションになります。

次に，販売される財同士が**代替的**であるのか，**補完的**であるのかが問題になります。2つの財のうちどちらか一方を入手できれば十分であるような場合，それらの財は代替財と呼ばれ，両方を手に入れないと価値がないような場合を補完財といいます。例えば，昼食の際に買うペットボトルのお茶とジュースは，どちらか一方だけあれば十分ですので代替財です。一方，パソコン本体とソフトウェアはどちらか一方でも欠けると使い物にならないので補完財になります。

最後に，複数の財をまとめて一緒にオークションにかけるのか，1つずつ順番にオークションにかけるのかが問題になります。前者を**同時オークション**といい，後者は**逐次オークション**といいます。

したがって，複数財のオークションでは，これらの違いを視野に入れて考えていく必要があります。以下では，複数財の同時オークションにおける耐戦略的なメカニズムに焦点を置いて説明していくことにします。

3.7　差別価格オークションと一様価格オークション

最初に，複数の同質財を同時にオークションにかける場合として，比較的よく用いられているオークション方式は，差別価格オークションと一様価格オークションです。

いま n 人のプレーヤーのうち，誰もが1つだけ財を需要しているとします。また，全部で k 個の財が同時にオークションされるものとします（ただし，$k < n$ なので全員が財を落札できないものとします）。

各プレーヤーは封印入札で全員同時に価格を入札します。このとき，どちらのオークション方式でも入札価格が高い順に上位の k 人が落札します。2つのオークション方式の違いは，各プレーヤーの支払額決定方法にあります。

差別価格オークション：落札した k 人の入札者はそれぞれ自分の入札した価格を支払う

一様価格オークション：落札した k 人の入札者は全員，落札できなかった $k+1$ 番目の人の入札価格を支払う

■ 例 3.3　差別価格オークションと一様価格オークションの例

例えば，3人のプレーヤー A, B, C がいて，2つの同質財がオークションにかけられるとします。A, B, C それぞれの入札価格は 80, 65, 48 だったとします。財は入札価格が高い順に上位2名，つまり A と B が落札します。

次に，支払額ですが，差別価格オークションでは，落札者がそれぞれ自分の入札した価格を支払うので，A は 80，B は 65 の価格を支払うことになります。一方，一様価格オークションでは，落札した A と B は，ちょうど3位で落札できなかった C の入札価格 48 を支払うことになります。

ところで，ここで注意していただきたいのは，もし売りに出される財が1つだけの場合には，一様価格オークションは2位価格オークションそのものだということです。さらにいえば，先ほどの例のように，各プレーヤーがただ1つの財しか需要しない場合には，複数の財が売りに出されるとしても，各プレーヤーにとって自分の評価値を正直にビッドすることが支配戦略になります[3]。

---

3)　Web 付録の補論 3.2 で，2位価格オークションにおいて自分の評価値に等しい価格を入札することが支配戦略になることを証明したのと同じ方法で証明できます。その場合，「自分以外の入札価格のうち最大の値」s を，「自分以外の入札価格のうち k 番目の値」と読み替えればよいのです。つまり，自分の入札価格が s よりも高ければ上位 k 番目以内に入っ

この意味で，一様価格オークションは2位価格オークションを複数財のケースに拡張したものであるように思えます。しかし，残念ながら，各プレーヤーが複数の財を需要するというより一般的な状況を考えると，自分の評価値を正直に入札することが支配戦略にならない場合が出てきます。

より具体的にいえば，各入札者が複数の財を需要する場合，1つ目については自分の評価値と等しい価格を入札することが支配戦略ですが，2つ目以降については評価値よりも低い価格を入札することで得をする場合があるということです。

例 3.4 一様価格オークションにおける戦略的操作

いま2人のプレーヤーAとBがいて，それぞれある同質財を2つまで需要しているとします。Aの評価値は1つ目を入手できると80で，2つ目が入手できると40だとします。Bの評価値は1つ目が入手できると65で，2つ目が入手できると30だとします。同質財の場合，ミクロ経済学における消費者行動の理論でおなじみの限界効用低減の法則が働くので，2つ目の財を手に入れたときの評価値は1つ目の場合よりも低いのです。

さて，この財が2つ，一様価格オークションで売りに出されたとします。AとBはそれぞれ，1つ目の財に対しては自分の評価値に等しい価格を入札することが支配戦略なので，80および65という価格を入札します。こうしてAとBはそれぞれ1つずつ財を手に入れます。

ところが，一様価格オークションではAとBの支払額は3位の入札価格になりますから，それは2人がそれぞれ2つ目の財に対していくらの価格を入札したかによって決まります。その価格を低くすれば，当然支払額も低く抑えられます。例えば，上記の例では，Aは2つ目の財に対する価格を31にすれば，確実にそれが3位の価格になります（Bは2つ目に対して30以上の価格を付けないので)。しかし，Aにとっては2つ目の財の評価値は40だったので，このようにすることで，正直に評価値と等しい価格を入札した場合よりも安く財を手に入れることができるようになります。

もちろん，2つ目の財に対する価格を高くすればするほど，自分が2つ目の財も入手できるチャンスは高まり，その方がもっと好ましいはずですので，一様価格オークションにおいて，各プレーヤーが複数個の財を需要する場合には，落札

ていることになり，s よりも低ければ $k+1$ 番目以下になるということで場合分けすればよいのです。

確率を高めつつ支払額を抑える形で，最適な入札価格を考えなければなりません。

これはちょうど，単一財の場合の1位価格オークションの場合と似た状況になっています。したがって，1位価格オークションの場合と同様に，一様価格オークションでは，2つ目の財に対しては評価値よりも低い価格をビッドするのが最適になります。よって，耐戦略性は満たされないことになります。

このように一様価格オークションは，一般的には耐戦略性を満たしていないので，2位価格オークションの複数財への拡張とは考えられないのです。

結果 3.3　一様価格オークションは，一般的に耐戦略性を満たさない

3.8 グーグルの広告オークション

インターネット上で検索することを「ググる」と呼ぶほどに，検索エンジンを提供するサイトとしてグーグルの知名度は圧倒的です。

そのグーグルなどの検索サイトでは，検索したい言葉をキーワードとして入力すると，画面上には該当する可能性の高い情報から順に提示されます。こうした検索結果のほかに，画面上には検索したキーワードに関連した企業の広告が提示されます。実は，この広告の掲載順序を決定するのにオークションが利用されています。これを**広告オークション**または**キーワード・オークション**といいます。

広告オークションは，基本的には，インターネットの利用者が自社に関連したキーワードを検索するたびに，自社のウェブサイトへのリンクを検索結果の周辺に表示させ，一定の広告料をグーグルなどの検索サイトに支払うという仕組みです。

検索サイトを運営しているグーグルといった企業にとって，企業収益のうちこの広告オークションからの収入が占める割合は非常に大きいものです[4)]。そのため，グーグルは，その研究部門に多くの著名な経済学者を雇い，日夜イン

4)　例えば，Edelman et al.（2007）は，2005年時点でグーグルの収益（約61億ドル）の98% 以上が広告オークションからの収入によるものだと記しています。また，日本でも電通によれば，2009年で227億円の収入であったようです（Fukuda et al., 2013）。

ターネット・ビジネスのモデルを研究しているのです。

こうした広告オークションの仕組みは，1990 年代前半では，インターネットの利用者が広告を提示している企業のウェブサイトを閲覧した回数に応じて一定の広告料を支払う方式でしたが，広告料は検索サイトとの交渉で決まり，また広告料が高かったためか，あまり参加する企業はなかったようです。

そこで，1990 年代後半に広告料をオークションで決定する方式に変わりました。このオークションの方式も，試行錯誤の期間を経て次第に変わってきて，グーグルが Edelman et al.（2007）の研究が発表された当時に使用していた方式のエッセンスは次のようなものです[5)]。

まず，広告を出したい企業は，どのような言葉が検索されたときに自社のウェブサイトを表示してもらいたいか，そのキーワードを選びます。次に，そのキーワードに対して価格を付けます。そして，同じキーワードに対して一番高い価格を付けた企業のサイトが，検索結果周辺に表示される広告枠のトップに表示されます。2 番目に高い価格を付けた企業のサイトはその下に表示されます。以下同様に，広告枠の数が埋まるまで，高い価格を付けた順に上から各企業のサイトへのリンクが表示されます。

それぞれの広告枠は，平均クリック数などが違うためそれぞれ異質財と考えられます。それらを同時にオークションにかけているので，この広告オークションは，**異質財の同時オークション**の例になっています。

広告掲載が決まった企業が支払う広告料については，インターネットの利用者が検索結果画面に表示された企業のサイトへのリンクをクリックするたびに課金されることになります。1 クリック当たりのその金額（クリック単価）は，先ほどの入札で各企業が付けた価格によって決まります。

具体的には，一番高い価格を付けた企業は 2 番目に高い価格を支払い，2 番目に高い価格を付けた企業は 3 番目に高い価格を支払い，というように，自分よりも 1 つ下位になった企業の付けた価格を支払います（実際には，最小単位価格分，例えば 1 円だけ高い値段を支払います）。なお，このクリック単価については，金融・保険関連のような「ビッグキーワード」の相場は 300 円前後だといわれていますが，本や CD といった一般商品の場合 50〜100 円前後のようです。

5） Edelman et al.（2007）, Varian（2007）.

このようなオークションは，Edelman et al.（2007）では，**一般化された 2 位価格**（**GSP**：generalized second-price）**方式**と呼ばれています。というのは，広告枠の数がただ 1 つしかない場合には，一番高い価格を入札した企業が 2 番目に高い価格を支払うことになるため，このオークションは 2 位価格オークションと一致するからです。

しかし，2 つ以上の広告枠がある場合には，実はこのオークション方式は 2 位価格オークションの拡張になっていません。事実，1 位の企業は 2 位の企業の付けた価格を支払いますが，2 位の企業は 3 位の企業の付けた価格を支払うからです。

それだけではありません。2 位価格オークションでは，評価値に等しい価格を入札することが支配戦略でしたが，この広告オークションではそうした戦略は最適ではない場合があるのです。

■ 例 3.5　広告オークションの例

いま「パリ旅行」というキーワードに登録しようとしている旅行会社が 3 社あるとします。それぞれ A 社，B 社，C 社だとします。これに対して，広告枠は 2 つだとします。

また，A 社，B 社，C 社が 1 クリック当たりの広告枠に対する評価値が 600 円，300 円，100 円だったとします。さらに，1 時間当たりで見て，1 位の広告枠の平均クリック数は 100 回，2 位の広告枠の平均クリック数は 90 回だとします。

さて，すべての企業が評価値に等しい価格を入札したとします。すると，A 社と B 社が落札することになり，それぞれ 1 クリック当たり 300 円および 100 円を支払うことになります。このときの A 社の利得は，広告枠に対する評価値から支払価格を引いた値に平均クリック数を掛けたもの，つまり，(600 円 − 300 円) × 100 回 = 30,000 円になります。

ここで A 社が評価値よりも低い価格，例えば，200 円を入札するとします。すると，この場合には B 社の付けた価格が一番高く，A 社は 2 位になります。A 社は 3 位の C 社の付けた価格である 100 円を支払うことになるので，A 社の利得は (600 円 − 100 円) × 90 回 = 45,000 円となり，評価値に等しい価格を入札したときよりも利得が高くなります。したがって，A 社にとって評価値を正直に入札することは最適ではなく，一般化された 2 位価格方式は耐戦略性を満たしていないことになります。

実際，GSP 方式における最適戦略では，その戦略に従って入札した際に得られる広告枠よりも上位または下位の広告枠に割り当てが変更された場合に，決して得をすることがないような価格を入札することになります。

例えば，最適戦略に従って入札した結果，得られる広告枠が2位のものだとすると，入札価格を変更して1位や3位の広告枠を得ても，最適戦略のビッドをしたときよりも高い利得は得られないということです[6)]。もちろん，この場合，広告枠に対する評価値に等しい価格を入札することになるとは限りません。

結果 3.4 一般化された2位価格オークションは耐戦略性を満たさない

3.9 VCG メカニズム

それでは，この広告オークションのように同時に複数の異質財を販売するような場合に，2位価格オークションと同様に，すべてのプレーヤーにとって評価値に等しい価格を入札することが支配戦略になるような耐戦略的なメカニズムは存在するでしょうか？ 実際，2位価格オークションを複数の財を取引する場合に一般化したメカニズムは存在します。

それは，**VCG メカニズム**です。VCG とは，このメカニズムを独立に発見した3人の経済学者，ヴィッカレー，クラーク，それにグローブスの頭文字を採ったものです。すでに第2章でクラークのピボタル・メカニズムやグローブス・メカニズムについては紹介していますが，VCG メカニズムはグローブス・メカニズムの一種です。したがって，VCG メカニズムは耐戦略性を満たします。

それでは，VCG メカニズムがどのようなメカニズムであるかを説明していきましょう。

VCG メカニズム

ステップ1 各プレーヤーは，オークションされる財の配分に関する**あらゆる**組

6) このような戦略によって実現する状態を，局所的な妬みなし均衡（locally envy-free equilibrium）といいます。つまり，最適戦略に従って割り当てられる広告枠以外の広告枠を得た他の企業を妬んだりしないような状態であるということです。

み合わせに対する便益（選好）を表明します。

ステップ 2　表明された各プレーヤーの便益の合計が最大になるよう財の配分を決定します。

ステップ 3　各プレーヤーの支払額は，ステップ 2 での配分決定と，そのプレーヤーを除く他のプレーヤー全員が表明した選好に基づく配分決定とに基づいて決定されます。

まず，一般に n 人のプレーヤーがいて，各プレーヤー i は私的財の初期保有 x_i を持っているとします。オークションにおけるプレーヤー全員に対する財の配分（の組み合わせ）を G とします。いま m 個の財が同時にオークションにかけられているとすると，G は次のような行列となります。

$$G = \begin{pmatrix} g_{11} & g_{12} & \cdots & g_{1m} \\ \vdots & \vdots & \ddots & \vdots \\ g_{n1} & g_{n2} & \cdots & g_{nm} \end{pmatrix}$$

なお，ここで G の各要素について，

$$g_{ij} = \begin{cases} 1 & \text{プレーヤー } i \text{ に財 } j \text{ が配分された場合} \\ 0 & \text{それ以外} \end{cases}$$

$$\sum_i g_{ij} = 1, \quad j = 1, 2, \cdots, m$$

を満たすものとします。つまり，プレーヤー i が財 j を配分された場合に 1，それ以外の場合に 0 となる変数が g_{ij} で，2 番目の式は各財 j がたかだか 1 人にしか配分されないことを表しています。したがって，G の各行は各プレーヤー i にどの財が配分されるかを表すベクトルということになります。

各プレーヤー i の利得関数 u_i は準線形，つまり，$u_i(x_i, G) = x_i + v_i(G)$ であるとします。

さて，各プレーヤー i は，ステップ 1 でオークションされる財のあらゆる組み合わせに対する選好 $w_i(G)$ を表明します。

ステップ 2 で，財の配分 G は各プレーヤー i の表明した選好のプロファイル $w = (w_1, w_2, \cdots, w_n)$ に対して，以下の決定関数

$$d(w) = \max_G \sum_i w_i(G)$$

によって決定されます。なお，どの財の供給費用もゼロ，つまり，$c(G) = 0$ と基準化しておきます（売り手にとっては財に価値はないということです）。したがって，各プレーヤー i の表明した選好の和を最大にするような財の配分 G が選ばれることになります。つまり，各プレーヤー i の表明した選好をもとに，各プレーヤーが受ける便益の合計が最大になるような財の配分が選ばれます。したがって，VCG メカニズムにおける配分は効率的になるように定義されています。

最後に，ステップ 3 で，各プレーヤー i の支払額は，支払関数

$$t_i = \sum_{j \neq i} w_j(d(w_{-i})) - \sum_{j \neq i} w_j(d(w))$$

によって決定されます。ここで，w_{-i} はプレーヤー i を除いたプレーヤーの表明した選好プロファイル $w_{-i} = (w_1, \cdots, w_{i-1}, w_{i+1}, \cdots, w_n)$ を表します。この支払関数からわかるように，各プレーヤー i の支払額は，プレーヤー i 以外のプレーヤーが表明した選好のプロファイル w_{-i} によって決まります。要するに，自分がオークションに参加しなかった場合に他のプレーヤーが稼ぐことができた利得の合計から，自分がオークションに参加した場合に他のプレーヤーが稼ぐことができた利得の合計を差し引いた額を支払うことになるわけです。

最終的に各プレーヤー i の利得は，私的財からの効用とオークションの結果配分される財から受ける便益から支払額を差し引いた

$$u_i(x_i, G) = x_i + v_i(G) - t_i$$

となります。

このように，VCG メカニズムはグローブス・メカニズムの一種になっていますから，耐戦略性と効率性を満たします。また，個人合理性も満たします。

結果 3.5 VCG メカニズムは耐戦略性，効率性および個人合理性を満たす

■ 例 3.6 VCG オークションの例

いま，3 人のプレーヤー A, B, C が財 X と Y を手に入れるためにオークションに参加するという状況を考えます。したがって，財の配分 G は，第 1 列を財 X，第 2 列を財 Y の配分を示す行列とすると，以下の 9 通りあることになりま

す。

$$G = \begin{pmatrix} 1 & 1 \\ 0 & 0 \\ 0 & 0 \end{pmatrix}, \begin{pmatrix} 1 & 0 \\ 0 & 1 \\ 0 & 0 \end{pmatrix}, \begin{pmatrix} 1 & 0 \\ 0 & 0 \\ 0 & 1 \end{pmatrix}, \begin{pmatrix} 0 & 1 \\ 1 & 0 \\ 0 & 0 \end{pmatrix}, \begin{pmatrix} 0 & 0 \\ 1 & 1 \\ 0 & 0 \end{pmatrix}, \begin{pmatrix} 0 & 0 \\ 1 & 0 \\ 0 & 1 \end{pmatrix}, \begin{pmatrix} 0 & 1 \\ 0 & 0 \\ 1 & 0 \end{pmatrix}, \begin{pmatrix} 0 & 0 \\ 0 & 1 \\ 1 & 0 \end{pmatrix}, \begin{pmatrix} 0 & 0 \\ 0 & 0 \\ 1 & 1 \end{pmatrix}$$

これらの配分を左から順に，$G_1, G_2, \cdots, G_9$ と表すことにします。例えば，

$$G_1 = \begin{pmatrix} 1 & 1 \\ 0 & 0 \\ 0 & 0 \end{pmatrix}, \quad G_2 = \begin{pmatrix} 1 & 0 \\ 0 & 1 \\ 0 & 0 \end{pmatrix}$$

など，ということです。ちなみに，G_1 は財 X と Y の両方がプレーヤー A に配分されることを，G_2 は財 X がプレーヤー A に，財 Y がプレーヤー B に配分されることをそれぞれ意味します。

また，A, B, C のそれぞれの財および 2 つの財の組み合わせに対する選好（評価値）は表 3.2 のようになっているとします（例えば，単位は億としましょう）[7]。したがって，例えば，プレーヤー 1 の財の配分に対する選好は，

$$v_1(G_1) = 2, \quad v_1(G_2) = \cdots = v_1(G_9) = 0$$

となります。つまり，A は，財 X も Y もそれぞれを単体で手に入れても満足ではなく，両方まとめて手に入れた場合にはじめて満足するということです。言い換えれば，財 X と Y は A にとって補完財であるということです。

このように，財の評価値が，他の財との組み合わせ次第で変化するような場合

表 3.2　VCG メカニズムの数値例

	財 X	財 Y	財 X と Y
プレーヤー A	0	0	2
プレーヤー B	2	0	2
プレーヤー C	0	2	2

7）この箇所で示す一連の例は，Ausubel and Milgrom（2002），Milgrom（2007）を参考にしました。

のオークションは関連価値オークションと呼ばれるのでした。

一方で，プレーヤーBとCは，それぞれ財XかYを手に入れても，あるいは財XとY両方を手に入れても利得は2億円であるということに注意してください。つまり，BとCはとにかく財XかYのうちどちらか一方だけを手に入れれば満足だということです。つまり，財XとYはBとCにとって代替財ということになります。

さて，この状況で3人がVCGメカニズムでオークションを行うとします。この場合，プレーヤーたちはすべての財の組み合わせ，つまり，財Xのみ，財Yのみ，財XとYの両方の3通りについて，つまり，$G_1, \cdots, G_g$ について入札します。このように，個々の財を個別にオークションしていくのではなく，財XとYの両方というように，財の組み合わせ（パッケージ）に対してもオークションする場合を組み合わせオークションやパッケージ・オークションというのでした。

さて，VCGメカニズムは耐戦略性を満たしていますので，どの財の組み合わせに対しても，3人にとって表3.2に示した評価値に基づいた選好を表明することが支配戦略です。例えば，プレーヤーAが表明する選好は次のようになります。

$$w_1(G) = (v_1(G_1), v_1(G_2), \cdots, v_1(G_9)) = (2, 0, \cdots, 0)$$

それではオークションの結果はどのようになるでしょうか？ まず，VCGメカニズムの配分決定ルールに従って配分を決定します。以下の表3.3のようになります。

この表からも明らかなように，Bに財X, Cに財Yを配分する G_6 が3人が

表3.3 配分の組み合わせ

配分	配分の内訳	3人の表明した選好に基づく評価値の和
G_1	Aに財Xと財Y	$2+0+0=2$
G_2	Aに財X，Bに財Y	$0+0+0=0$
G_3	Aに財X，Cに財Y	$0+0+2=2$
G_4	Bに財X，Aに財Y	$0+2+0=2$
G_5	Bに財Xと財Y	$0+2+0=2$
G_6	Bに財X，Cに財Y	$0+2+2=4$
G_7	Cに財X，Aに財Y	$0+0+0=0$
G_8	Cに財X，Bに財Y	$0+0+0=0$
G_9	Cに財Xと財Y	$0+0+2=2$

受ける便益の合計を最大にすることがわかります。そのとき，A の便益は 0 円で，B と C はそれぞれ 2 億円となります。

次に，3 人の支払額を VCG メカニズムの支払関数に従って決定します。

まず，A の支払額 t_1 ですが，A がオークションに参加せず，B と C の選好だけで決めた場合，やはり G_6 という配分が選ばれます。したがって，A が参加した場合と参加しなかった場合の B や C の便益の差は 0 となり，A の支払額は 0 円となります。

$$t_1 = (v_2(G_6) + v_3(G_6)) - (v_2(G_6) + v_3(G_6)) = 2 - 2 = 0$$

次に B の支払額 t_2 ですが，B がオークションに参加せず，A と C の選好だけで決めた場合，A と C の便益の合計を最大にするのは配分 G_1, G_3, G_9 です。ところが，いずれの場合も，A と C の便益の合計は 2 億円となります。そこで，代表として G_3 を選ぶとしますと，

$$t_2 = (v_1(G_3) + v_3(G_3)) - (v_1(G_6) + v_3(G_6)) = 2 - 2 = 0$$

となり，B の支払額は 0 円となります。

最後に C の支払額 t_3 ですが，C がオークションに参加せず，A と B の選好だけで決めた場合，A と B の便益の合計を最大にするのは配分 G_1, G_4, G_5 です。ところが，いずれの場合も，A と B の便益の合計は 2 億円となります。そこで，代表として G_1 を選ぶとしますと，

$$t_3 = (v_1(G_1) + v_2(G_1)) - (v_1(G_6) + v_2(G_6)) = 2 - 2 = 0$$

となり，C の支払額は 0 円となります。

まとめると，B が財 X，C が財 Y を手に入れ，3 人とも何も支払わなくてよいというのが，この場合の VCG メカニズムによって決まるオークションの結果になります。

さて，この VCG メカニズムを，先ほどの広告オークションに適用してみましょう。そのうえで，グーグルが採用していた GSP 方式との比較を行います。ここでは，これらの方式でオークションした結果，各プレーヤーが支払うことになる額に注目してみます。そこで，グーグルの広告オークションについて検討した**例 3.5** と同じ状況のもとで，VCG メカニズムを使用した場合の結果を調べてみましょう。

■ 例 3.7 VCG メカニズムによる広告オークション

例 3.5 と同様に，広告枠の数は 2 つで，A 社，B 社，C 社にとって広告 1 クリック当たりの評価値が 600 円，300 円，100 円だとします。また，1 時間当たりで見て，1 位の広告枠の平均クリック数は 100 回，2 位の広告枠の平均クリック数は 90 回とします。最後に，どの企業にとっても評価値に等しい価格を入札することが支配戦略なので，それに従って入札するものとします。

このとき，A 社と B 社がそれぞれ 1 位と 2 位の広告枠を落札することになります。A 社と B 社の（支払い前の）利得はそれぞれ，評価値に平均クリック数を掛けた 600 円 × 100 回 = 60,000 円，300 円 × 90 回 = 27,000 円になります。C 社は何も得られないので，その利得は 0 円です。

問題の支払額ですが，まず A 社から考えていきます。このとき，もし A 社が入札に参加しなければ，B 社と C 社がそれぞれ 1 位と 2 位の広告枠を落札できました。このとき，B 社と C 社が得る利得はそれぞれ 300 円 × 100 回 = 30,000 円，100 円 × 90 回 = 9,000 円です。

この B 社と C 社の利得を，A 社が実際に入札に参加した場合の利得と比べてみると，A 社の参加によって，B 社は 30,000 円 − 27,000 円 = 3,000 円，C 社は 9,000 円の損をしたことになります。よって，その合計額 12,000 円を A 社は支払うことになります。こうして，VCG メカニズムのもとでは，A 社の利得は 60,000 円 − 12,000 円 = 48,000 円となります。

次に B 社について考えてみます。このとき，もし B 社が入札に参加しなければ，A 社と C 社がそれぞれ 1 位と 2 位の広告枠を落札できました。このとき，A 社と C 社の（支払い前の）利得はそれぞれ 600 円 × 100 回 = 60,000 円，100 円 × 90 回 = 9,000 円です。この A 社と C 社の利得を，B 社が実際に入札に参加した場合の利得と比べてみると，B 社の参加によって，A 社の利得は 60,000 円で変わりませんが，C 社は 9,000 円の損をしたことになります。よって，その合計額 9,000 円を B 社は支払うことになります。こうして，VCG メカニズムのもとでは，B 社の利得は 27,000 円 − 9,000 円 = 18,000 円となります。

最後に C 社ですが，C 社の参加はオークションの結果に何の影響も及ぼしませんので，C 社はオークションで何も得られない代わりに，何も支払う必要もなく，その利得は 0 円となります。

ここで注意してほしいのは，この**例 3.7** の場合，VCG メカニズムにおける支払額の合計 12,000 円 + 9,000 円 = 21,000 円は，**例 3.5** で示したグーグルの広告オークションでの支払額の合計 300 円 × 100 回 + 100 円 × 90 回 = 39,000 円よりも低いという事実です。この性質は，ここでの例に限らず，両方の仕組みでプレーヤーが同じ価格を入札した場合にはいつでも成立することが示されています[8)]。

実際，企業が広告オークションにおいて（評価値を正直に入札すること以外の）最適戦略を採用したとき，最小の支払額になるのは，VCG メカニズムと同じ支払額のときであることが証明されています[9)]。

つまり，グーグル等で採用されている広告オークションにおけるプレーヤーの支払額の合計は，VCG メカニズムにおける支払額と同じかそれ以上であるということになります。

このことから，グーグル等の企業で広告オークションが採用されているのは，そこから得られる収益（つまり，企業の支払額の合計）が VCG メカニズムよりも大きいからだと考えられています。

付録　Python プログラム

＊差別価格オークション，一様価格オークションのプログラムは Web 付録に掲載しています。

プログラム 3.1　k 位価格オークション

このプログラムは，k 位価格オークションをシミュレーションするものです。1 位価格オークションの場合は `K=1`，2 位価格オークションの場合は `K=2` などと設定してください。評価値は区間 $[0,1]$ 上の一様分布でランダムに選ばれ，`value` というリストに格納されます。乱数については `random` モジュールの中の整数の範囲の乱数を発生させる `random.random()` 関数を使用しています。

一般に，n 人のプレーヤーが参加するオークションで落札者が k 番目の価格を支払うとき，各プレーヤーの評価は区間 $[0,1]$ 上の一様分布であり，かつすべてのプレーヤーが同じビッド戦略を用いる対称的な均衡においては，評価値 v のプレーヤーにとって最適な価格 b は

8)　Edelman et al. (2007), REMARK 1.

9)　Edelman et al. (2007), Theorem 1.

$$b = \frac{n-1}{n-k+1}v$$

になります。実際，1 位価格オークションの場合 $(k = 1)$ の最適価格 b^1 および 2 位価格オークションの場合 $(k = 2)$ の最適価格 b^2 は，上の式からそれぞれ以下のようになります。

$$b^1 = \frac{n-1}{n}v, \quad b^2 = v$$

```
# Kth-price private value auction

import random

# プレーヤーの数
N = 5

# 落札者はK位の価格を支払う
K = 2
print(K,'位価格オークションの場合')
print()

# 評価値
value = [0]*N
for i in range(N):
    value[i] = random.random() # 区間[0, 1]上の一様分布
    print('プレーヤー',i+1,'の評価値 = ',value[i])
    print()

# 入札価格
bid = [0]*N
for i in range(N):
    bid[i] = value[i]*(N-1)/(N-K+1)
    print('プレーヤー',i+1,'の入札価格 = ',bid[i])
    print()

# 落札者の出力
winbid = max(bid) # 最高の入札価格
winner = bid.index(winbid) # 最高額を入札したプレーヤー
```

```
print('落札者: ',winner+1)

# 落札者の入札価格と落札価格
print('落札者の入札価格 = ',bid[winner])
sorted_bid = sorted(bid,reverse=True) # 入札価格を昇順に並べ替え
winbid = sorted_bid[K-1]
print('落札価格 = ',winbid)
```

このプログラムを N=5 として実行してみた結果は，以下のとおりです。なお，毎回乱数の値が違いますので，各プレーヤーの評価値は異なりますので，オークションの結果も毎回異なります。

```
2位価格オークションの場合

プレーヤー1の評価値 = 0.8960357334994999
プレーヤー2の評価値 = 0.2823996230597743
プレーヤー3の評価値 = 0.6627808309148425
プレーヤー4の評価値 = 0.20106750495056014
プレーヤー5の評価値 = 0.24273876905677128

プレーヤー1の入札価格 = 0.8960357334994999
プレーヤー2の入札価格 = 0.2823996230597743
プレーヤー3の入札価格 = 0.6627808309148425
プレーヤー4の入札価格 = 0.20106750495056014
プレーヤー5の入札価格 = 0.24273876905677128

落札者:  1
落札者の入札価格 = 0.8960357334994999
落札価格 = 0.6627808309148425
```

プログラム 3.2　収益同値定理の検証

以下のプログラム 3.2 は，買い手の評価値が区間 $[0,1]$ の実数で，一様分布に従う場合について，1 位価格オークション，2 位価格オークション，それにランダムに落札者を決める 1 位価格オークションにおける落札価格の平均値を求めるもの

です。

最初に，乱数と平均値を計算する関数を使用するために，random モジュールと numpy モジュールを導入しています。次に，オークションに参加するプレーヤー数 N とシミュレーションで何回オークションを行うのか，その回数 T を設定しています。

次に，1 位価格，2 位価格，ランダム 1 位価格，それぞれのオークションでの落札価格を格納するリストを winbid1，winbid2，winbid3 として，区間 $[0,1]$ 上の一様分布に従うプレーヤーの評価値 value を毎回ランダムに変更しながら T 回繰り返し求めています。その際，比較のために，どのオークションでも各プレーヤーの評価値は同一のものを使用しています。

したがって，最も高い評価値のプレーヤーが落札することになるので，1 位価格と 2 位価格で落札者は同一になります。そこで，プログラムでは 2 位価格オークションにおける落札者，つまり，最も高い入札価格＝評価値のプレーヤーをまず求めてから，それぞれのオークションにおける落札価格を計算しています。

ランダム 1 位価格オークションについては，random モジュールの random.choice 関数を用いて，各プレーヤーの評価値からランダムに 1 つを選び，それに $(n-1)/n$ を掛けて 1 位価格での入札価格を求めています。

最後に，sorted 関数で value リストに格納された評価値を降順に並べ替えたリストを sorted_bid とすると，その先頭 sorted_bid[0] が 1 位の評価値，次の sorted_bid[1] が 2 位の評価値となります（Python では，リストの要素の番号は 0 から始まることに注意）。それらの値を使ってそれぞれのオークションでの落札価格を計算します。

これで 1 回のオークションの結果が求まったことになります。これを T 回繰り返し，落札価格の平均を numpy モジュールの mean 関数を用いて計算して画面に表示しています。

```
import random
import numpy as np

# プレーヤーの数
N = 5
print('参加人数 = ',N)

# シミュレーション回数
T = 1000
```

```
print('繰り返し回数 = ',T)

winbid1 = [0]*T
winbid2 = [0]*T
winbid3 = [0]*T
for t in range(T):
    value = [0]*N
    # 2位価格オークションでの入札価格
    for i in range(N):
        value[i] = random.random() # 区間[0, 1]上の一様分布
    winbid = max(value) # 最高の評価値
    winner = value.index(winbid) # 最高額を入札したプレーヤー
    # ランダム1位価格オークションでの落札者の評価値
    winrand = random.choice(value) # ランダムに選んだ評価値

    # 1位価格と2位価格オークションでの落札価格
    sorted_bid = sorted(value,reverse=True) # 評価値を昇順に並べ替え
    winbid1[t] = sorted_bid[0]*(N-1)/N # 1位価格での落札価格
    winbid2[t] = sorted_bid[1] # 2位価格での落札価格
    winbid3[t] = winrand*(N-1)/N # ランダム1位価格
print('1位価格オークションでの平均落札価格 = ',np.mean(winbid1))
print('2位価格オークションでの平均落札価格 = ',np.mean(winbid2))
print('ランダム1位価格オークションでの平均落札価格
 = ',np.mean(winbid3))
```

このプログラムを N=5, T=1000 として実行してみた結果は，以下のとおりです。なお，毎回乱数の値が違いますので，結果の数値はこれとは少し異なることがありますが，大きな違いは出ないはずです。

```
参加人数 = 5
繰り返し回数 = 1000
1位価格オークションでの平均落札価格 = 0.6728739574773811
2位価格オークションでの平均落札価格 = 0.6667798611792505
ランダム1位価格オークションでの平均落札価格 = 0.39154866237637553
```

プログラム 3.3　広告オークション

以下のプログラム 3.3 は，一般化された 2 位価格（GSP）オークションと VCG メカニズムのもとでの広告オークションの結果を求めるものです。最初に参加する企業数 N と配分される広告枠の数 M を設定しています。ここでは，**例 3.5** と**例 3.7** に従ってそれぞれ N=3, M=2 としています。

次に，各広告枠の平均クリック数と各企業の 1 クリック当たりの広告の評価値をそれぞれリスト click, value で設定しています。続いて，各企業の入札価格をリスト bid で設定しています。

次に，落札者を決定するために，入札価格を降順に並べ替えます。その際，それぞれの入札価格を付けたのがどのプレーヤーなのか，その番号を b_index に保存しています。ちなみに，並べ替えは，多くのアルゴリズムの教科書で最初に記されている単純なバブル・ソートを使用しています。

最後に，一般化された 2 位価格オークションおよび VCG メカニズムにおける落札者とその支払額，それに利得を画面表示しています。

一般化された 2 位価格オークションでは，j 位だった企業は $j+1$ 位の価格を支払うことになります。この支払額を評価値から差し引き，平均クリック数を掛けたものがそれぞれの利得となります。広告枠を落札できなかった企業の利得は 0 です。なお，Python では for 文のインデックスの番号やリストの要素番号は 0 から始まるため，プレーヤー番号を画面表示する際にはそのインデックスに 1 を足していることに注意してください。

VCG メカニズムでは，広告枠を落札した各企業 j の支払額は，この企業が参加しなかった場合に他の企業が広告枠から得たはずの利得合計から，この企業が参加した場合の利得合計を差し引いた額になります。プログラムでは，最初に企業 j が参加した場合の他の企業が広告枠から得た利得合計 sum1 を求めています。その後，企業 j が参加しなかった場合の他の企業が広告枠から得た利得合計 sum2 を求めています。後者の計算のために，入札価格が高い順にプレーヤー番号を格納したリスト b_index を b_ind にコピーしたうえで，b_ind から企業 j のインデックスを del 関数によって取り除くという操作を行っています。ここで，値のみをコピーするために copy モジュールの（「深い」コピーをする）copy 関数を使用しますので，プログラムの最初に import しています。最後に，sum2 から sum1 を差し引いた値を payment リストに格納しています。

```
# Keyword auction
```

```
import copy

# 企業の数
N = 3

# 広告枠の数
M = 2

# 各広告枠の平均クリック数
click = [100,90]

# 各企業の1クリック当たりの広告の評価値
value = [600,300,100]
for i in range(N):
    print('プレーヤー',i+1,'の評価値:', value[i])

print()
# 各プレーヤーの入札価格
bid = [600,300,100]
b_index = [0]*N
for i in range(N):
    print('プレーヤー',i+1,'の入札価格：', bid[i])
    b_index[i] = i # 各入札価格に対するプレーヤー番号の記録
print()

# 入札価格を降順に並べ替える(バブル・ソート)
for i in range(N):
    for j in range(N-1,i,-1):
        if bid[j] > bid[j-1]:
            bid[j], bid[j-1] = bid[j-1], bid[j]
            b_index[j], b_index[j-1] = b_index[j-1], b_index[j]

# 落札者と支払額の決定
# 一般化された2位価格オークションの場合
print('一般化された2位価格オークション：')
for j in range(M):
    print(j+1,'位の落札者：プレーヤー',b_index[j]+1,'支払額 = ',bid[
```

```
        j+1]*click[j],end='')
        print('利得 = ',(value[b_index[j]]-bid[j+1])*click[j])

print()
# VCGオークションの場合
print('VCGオークション：')

# jが参加したときのj以外の便益の和
sum1 = [0]*N
for j in range(M):
    for k in range(M):
        if k != j:
            sum1[j] += value[b_index[k]]*click[k]

# jが参加しないときのj以外の便益の和
b_ind = [0]*N
sum2 = [0]*N
for j in range(M):
    # 入札者リストのコピー
    b_ind = copy.copy(b_index)
    # j番目のプレーヤーを入札者のリストから除く
    del b_ind[j]
    for k in range(M):
        sum2[j] += value[b_ind[k]]*click[k]

# 結果表示
payment = [0]*N
for j in range(M):
    payment[j] = sum2[j]-sum1[j]
    print(j+1,'位の落札者: プレーヤー',b_index[j]+1,' 支払額 = ',
    payment[j],end='')
    print ('利得 = ',(value[b_index[j]])*click[j]-payment[j])
```

このプログラムを実行すると，以下のように画面表示されます。一般化された 2 位価格オークションに比べて VCG メカニズムにおいて，1 位のプレーヤー 1 の支払額は小さく，利得も大きくなっていることがわかります。

```
プレーヤー1の評価値: 600
プレーヤー2の評価値: 300
プレーヤー3の評価値: 100

プレーヤー1の入札価格: 600
プレーヤー2の入札価格: 300
プレーヤー3の入札価格: 100

一般化された2位価格オークション:
1位の落札者: プレーヤー1  支払額 = 30000 利得 = 30000
2位の落札者: プレーヤー2  支払額 = 9000 利得 = 18000

VCGオークション:
1位の落札者: プレーヤー1  支払額 = 12000 利得 = 48000
2位の落札者: プレーヤー2  支払額 = 9000 利得 = 18000
```

第4章 マッチング理論

Introduction

本章では，マーケット・デザインにおいてもう１つ重要な応用先であるマッチングについて考えていきます。

前章までは，公共財供給にせよ，オークションにせよ，プレーヤーに対して何らかの支払いを行わせることで，真の選好を表明させるインセンティブが確保されていたのですが，マッチングで配分を決める場合，基本的には，プレーヤーに対して何も支払いを要求しません。

このように金銭的移転（monetary transfer）がない場合においても，プレーヤーに真の選好を表明させることができるようなメカニズムに受入保留方式やトップ・トレーディング・サイクル方式があります。本章では，このようなマッチング問題において耐戦略性を満たすメカニズムを中心に検討していきます。

4.1 結婚問題のマッチング

「木瓜[1]」

我に投ずるに木瓜（ぼくくわ）を以てす
之に報ゆるに瓊琚（けいきょ）を以てす
匪（か）れ報いたり

私に木瓜（ほけ）の実を投げてくれたから
美しい瓊琚（たま）でこれに答えよう
これできまりさ

1） 石川忠久（1997）『詩経（上）』，新釈漢文大系，第 110 巻，明治書院，pp.178-179。

永く以て好を為さん	末永く仲良く暮らそう
我に投ずるに木桃を以てす	私に木桃（こぼけ）を投げてくれたから
之に報ゆるに瓊瑶（けいよう）を以てす	美しい瓊瑶（たま）でこれに答えよう
匪れ報いたり	これできまりさ
永く以て好を為さん	末永く仲良く暮らそう
我に投ずるに木李を以てす	私に木李（かりん）を投げてくれたから
之に報ゆるに瓊玖（けいきゅう）を以てす	美しい瓊玖（たま）でこれに答えよう
匪れ報いたり	これできまりさ
永く以て好を為さん	末永く仲良く暮らそう

これは，孔子が編纂したとされる（が，その信憑性は疑わしい）中国最古の詩集『詩経』にある漢詩の１つです。『論語[2]』にも「詩を学ばずば，以って言ふ無し」（季氏第十六），「小氏何んぞ夫の詩を学ぶ莫きや」（陽貨第十七）とあるように，『詩経』は従来，儒教の経典である四書五経の１つとして大変重視され，その視点から解釈されることが多かったのですが，マルセル・グラネの研究以来[3]，古代祝祭歌謡として見ることが主流となってきています。

それで，この「木瓜」という詩は，各地方の民謡を集めた「國風」の「衛風」篇に収められているもので，女性が果物（木瓜，木桃，木李）を意中の男性に投げ，男性がそのお返しに宝玉（瓊琚，瓊瑶，瓊玖）を送り返して永遠の愛を約束するという**投果婚**の風習が描かれているというのが近年主流の説です。

「木瓜」が男性視点であるのに対して，同じく『詩経』「國風」の「召南」篇に収められた次の詩では，女性視点から投果婚の風習が描かれています。

「摽有梅[4]」

摽（なげう）つに梅有り	なげるわよ，この梅
其の實七つなり	その実は七つ

2)　吉川幸次郎（1996）『論語（下）』，朝日選書。

3)　マルセル・グラネ（1989）『中国古代の祭礼と歌謡』（内田智雄訳），東洋文庫。

4)　前掲『詩経（上）』，pp.58-60。

我を求むるの庶士よ	私のことが欲しい兄さんたち
其の吉に迨(およ)べ	ほらこの吉日のうちに（求婚なさい）
摽つに梅有り	なげるわよ，この梅
其の實三つ	その実は三つ
我を求むるの庶士	私のことが欲しい兄さんたち
其の今に迨べ	ほらこの今というチャンスに（求婚なさい）
摽つに梅有り	なげるわよ，この梅
頃筐(けいきょう)を塈(あた)ふ	カラ頃筐までなげてやるわ
我を求むるの庶士	私のことが欲しい兄さんたち
其の之を謂(い)ふに迨べ	ほら今がそれを言うチャンスよ

『詩経』は紀元前 11 世紀から紀元前 8 世紀の間の詩が集められているといわれていますので，この投果婚の記述は本章の主題となるマッチングに関するかなり古い事例だといえるでしょう。

この投果婚で，最初に果物を投げつけた意中の男性がプロポーズに答えてくれなければ，当の女性はどうしたでしょうか。相手が受諾してくれるまで果物を投げ続けるということも考えられますが，そんな心無い男性には早いところ見切りをつけて，次の男性にアタックしていったと考えた方が自然でしょう。

ここで，男性が順にプロポーズしてきた中に好みの女性がいて，その時点でその女性に宝玉を与え，めでたく婚約成立となったとすれば，こうしたマッチング決定方式には問題があります。

例えば，女性が，人気のある男性に第 1 希望でプロポーズした場合，そこで自分が選ばれなければ，次に第 2 希望の男性にプロポーズすることになりますが，そのときにはすでに，先にその男性にプロポーズした女性がいて，男性がその人に宝玉を与えてしまっているという状況が起こりえます。その場合，女性は第 2 希望をあきらめて，第 3 希望以下の男性としか結ばれる以外にありません。そこで，そうした事態をあらかじめ見越して，最初から第 2 希望の男性に対して一番先にプロポーズしようと考えることになるでしょう。

この場合，第 2 希望の男性をあたかも第 1 希望であるかのように偽ってプロポーズすることになります。このように，自分の好みを偽ることでマッチング結果を良くしようという戦略的行動の余地があるために，投果婚というメカニズムは，真の選好を表明することが支配戦略であるという，すでにこれまでの章でおなじみの**耐戦略性**という性質を満たしていないと考えられます。

4.2 マッチング理論

先ほどの投果婚のように，2つのグループ（例えば，男女）が互いに相手側に対する希望順位（選好）を持っていて，その順位に基づいて双方の組み合わせ（誰と誰がカップルになるか，など）を決定する問題を，経済学では**マッチング問題**といい，こうしたマッチング問題を効果的に解決する方式を研究する分野を**マッチング理論**といいます。

投果婚のように，男性も女性も互いに相手側に対する選好を形成する場合を**両側マッチング**（two-sided matching）といい，特に，男女ともにたかだか1名の相手とだけカップルになる場合を**1対1マッチング**といいます。

一方，毎年，大学3年生も後半になると就職活動が活発化してきます。この学生の就職活動もマッチングの例の1つです。この場合も，学生と企業の双方がお互いに選好を形成しますので両側マッチングです。ただし，学生はたかだか1社にしか就職できませんが，企業の方は同時に多くの学生を採用するので，これは**1対多マッチング**といいます。

投果婚や学生の就職活動でも，当事者双方の選好をもとに，男女のカップルや企業と学生のグループを形成していきます。こうしてできる組み合わせのことを**マッチング**といい，こうしたマッチングを生み出す仕組みやルールが**マッチング方式**です。

いま，投果婚のように男女間の1対1マッチング問題を考えます。それぞれ n 人ずつの女性と男性がいて[5]，女性の集合を W とし，そのそれぞれのメンバーを $w_1, w_2, \cdots, w_n$ とします。また，男性の集合を M とし，そのそれぞれのメンバーを $m_1, m_2, \cdots, m_n$ と表すことにします。

ここで，女性 w_i が n 人の男性たちに対して持つ**選好**を P_i と表します。このとき，女性 w_i が男性 m_j を男性 m_k よりも好んでいるということを

5）一般的には，男性と女性の数は同じでなくてもかまいません。その場合，カップルになれない人が必ず存在することになります。

$$m_j P_i m_k$$

と表します。こうした女性全員の選好を1つのベクトルにまとめた選好プロファイルを $P = (P_1, P_2, \cdots, P_n)$ といいます。

逆に，男性 m_i が n 人の女性たちに対して持つ選好を Q_i と表します。このとき，男性 m_i が女性 w_j を女性 w_k よりも好んでいるということを

$$w_j Q_i w_k$$

と表します。こうした男性全員の選好を1つのベクトルにまとめた選好プロファイルを $Q = (Q_1, Q_2, \cdots, Q_n)$ とします。

こうした男女の選好プロファイルに基づいて，どの男女をカップルにするかを決めるマッチング方式を $g(P, Q)$ とします。また，こうしたマッチング方式 g で生み出された結果をマッチング μ と表します。つまり，$\mu = g(P, Q)$ ということです。

マッチング μ は，例えば，1行目に男性を順に並べ，2行目にそれぞれの男性とマッチした女性を対応した位置に並べた行列として表現できます。男女それぞれ3名の場合，例えば，以下のマッチング μ は，男性 m_1 と女性 w_2，男性 m_2 と女性 w_1，男性 m_3 と女性 w_3 がそれぞれマッチしたことを表しています。

$$\mu = \begin{pmatrix} m_1 & m_2 & m_3 \\ w_2 & w_1 & w_3 \end{pmatrix}$$

また，マッチング μ のもとで，女性 w_i がマッチした相手の男性を $\mu(w_i)$，男性 m_i がマッチした相手の女性を $\mu(m_i)$ と表すことにします。先ほどの例では，例えば，$\mu(w_1) = m_2$ であり $\mu(m_1) = w_2$ となります。なお，マッチする相手がいない場合，形式的に自分自身とマッチすると考えます。例えば，女性 w_i にマッチした相手がいない場合，$\mu(w_i) = w_i$ ということになります。

ここで問題になってくるのは，あるマッチング方式によって生み出された結果をどう評価するかです。

まず，誰かとマッチした場合の方が誰ともマッチしない状態よりは少なくとも良いということがなければ，マッチングに参加する意味がありません。つまり，任意の女性 w_i にとって $\mu(w_i) P_i w_i$，任意の男性 m_i にとって $\mu(m_i) Q_i m_i$

であるとき，マッチング μ は個人合理性を満たしています。

また，個人合理性を満たしたうえで，参加した人々の満足度の合計がなるべく高いマッチングであるべきだということも重要です。つまり，参加者全員にとってこれ以上希望順位が上の相手とはカップルになることが望めないようなマッチングが望ましいわけですが，そのようなとき，そのマッチングを効率的であるといいます。具体的には，すべての女性 w_i が，マッチング ν のもとでの相手 $\nu(w_i)$ をマッチング μ のもとでの相手 $\mu(w_i)$ よりも好む，つまり，

$$\nu(w_i) P_i \mu(w_i)$$

であるような他のマッチング ν がないなら，マッチング μ は女性にとって効率的であるといいます。同様に，すべての男性 m_i が，マッチング ν のもとでの相手 $\nu(m_i)$ をマッチング μ のもとでの相手 $\mu(m_i)$ よりも好む，つまり，

$$\nu(m_i) Q_i \mu(m_i)$$

であるような他のマッチング ν がないなら，マッチング μ は男性にとって効率的であるといいます。男女両方にとって効率的な場合を単に効率的と呼ぶことにします。

つまり，マッチング μ が効率的ならば，他のマッチング ν に変更したとしても，すべての女性の，あるいはすべての男性の順位が改善することはありません。言い換えれば，誰かの順位が改善することがあるとしても，他の人の順位は悪化してしまうというような状態であるわけです（パレート効率性の定義を思い出してください）。

逆に，効率的ではないマッチングでは，他のマッチングに変更すると，少なくとも誰か 1 人の順位は改善し，それ以外の人の順位は変わらないというような状態になります。

もちろん，望ましいマッチングの基準はそれだけではありません。

例えば，投果婚において，男性がある女性とカップルになれたのはいいとして，他のカップルに今の相手よりも希望順位が高い女性がいたとします。しかもその女性も，決まったカップルよりもその男性のことを気に入っていたとします。もしこのような事態が発生すれば，この投果婚で決まった相手のことは無視して，2 人はお互いに「駆け落ち」してしまうに違いありません。こうした駆け落ちをする動機が生まれないようなマッチングを安定的（stable）とい

います。

具体的には，女性 w_i にとってマッチング μ でマッチした相手 $\mu(w_i)$ ともう1人の男性 $m_j \neq \mu(w_i)$ について，男性 m_j を $\mu(w_i)$ よりも好む，つまり，

$$m_j P_i \mu(w_i)$$

であり，かつ男性 m_j はマッチング μ でマッチした相手 $\mu(m_j)$ よりも女性 w_i を好む，つまり，

$$w_i Q_j \mu(m_j)$$

であるとき，男女のペア (w_i, m_j) は**ブロッキング・ペア**であるといいます，こうしたペアが存在しないような個人合理性を満たすマッチングを**安定マッチング**（stable matching）といいます。

言い換えれば，ある方式のもとで決まったマッチングをブロックするような男女の提携が生まれないとき，そのマッチングは安定的であるということです。

なお，今の段階では少しわかりにくいかもしれませんが，効率性と安定性は全く違う基準です。ですので，この後すぐに確かめるように，効率的なマッチングが安定的ではない例が存在します（逆に，安定的なマッチングは常に効率的です）。

最後に，マッチングを生み出すメカニズムが**耐戦略性**を満たすとは，これまでの章でも述べてきたように，参加者全員にとって，他の参加者がどんな選択をしようとも，自分の選好を正直に提出することが最善である，つまり支配戦略であることをいいます。

そこで，投果婚や学生の就職活動のように，マッチングを決定する必要がある場合には，効率的で安定的なマッチングを生み出す，耐戦略性が満たされたマッチング方式を設計することが望ましいと考えられています。

4.3 カップリング・パーティと順位優先方式

すでに第3章の冒頭で，古代バビロニアにおけるオークションを用いた集団お見合いについて紹介しましたが，現代ではカップリング・パーティと呼ばれる「婚活」パーティが日本全国で盛んに行われているようです。実際に各地

で行われているカップリング・パーティでのルールを調べてみたところ，次のようにカップルを決めているようです。

まず，恋人探しをしている男女がいっせいに集まり，初めはプロフィール・カードなどを手掛かりにお互いに自己紹介を行っていき，最後に第1印象で気に入った相手の番号を記入して主催者に渡します。この後，気に入った相手と談笑したり，ビンゴなどのゲームをしたりするフリータイムを過ごします。このとき，自分のことを第1印象で気に入ってくれた相手の情報なども伝えられます。最後に，誰とカップルになりたいか，希望順位を書いた「告白カード」を提出し，両想いだった男女同士がカップルになります。

では，このカップリング・パーティで用いられている方式は，果たして効率性や安定性，耐戦略性といった，望ましい性質を備えているでしょうか？

そこで，こうした問題を詳しく検討したいのですが，残念ながら，カップリング・パーティにおいてカップルを決める方式を正確に記した文書は見つかりません。そこで，いくつか公表されている事実から，そのルールを再構成してみます。

一般的に，それぞれ n 人の男性と女性が参加するとします。男性も女性もそれぞれお互いに対する順位を提出します。ここでは話を単純化するために，男性は n 人の女性全員，女性は n 人の男性全員に対して順位を決めるものとします（つまり，1人でいるよりは，誰かとカップルになりたいということです）。また，同順位はないものとします。

ここで，女性 w_i と男性 m_j がカップルになったとします。ここで女性 w_i は男性 m_j を w 位に希望していて，男性 m_j はこの女性 w_i を m 位に希望していたとします。この2人の互いに対する順位を足した値 $m+w$ を順位和と呼ぶことにします。

カップリング・パーティにおいてカップルを決める方式は，**順位優先方式** (priority matching) と呼ばれるもので，次のルールから成り立っています。

順位優先方式のアルゴリズム

ステップ0　女性と男性がそれぞれに対する希望順位を提出します。

ステップ1　提出された女性と男性の希望順位をもとに，順位和が2であるカップルを成立させます。すべての男女の相手が決まればこれで終了します。まだカップルになっていない男女が存在すれば次のステップに進みます。

ステップ2 ステップ1終了時にまだ相手が決まっていない男女について，順位和が3であるカップルを成立させます。ただし，そうしたカップルが複数存在するときは，女性側の順位が小さい方のカップルを先に形成します。すべての男女の相手が決まればこれで終了します。まだカップルになっていない男女が存在すれば次のステップに進みます。

⋮

ステップ$\boldsymbol{k}$ ステップ$k-1$終了時にまだ相手が決まっていない男女について，順位和がkであるカップルを成立させます。ただし，そうしたカップルが複数存在するときは，女性側の順位が小さい方のカップルを先に形成します。すべての男女の相手が決まればこれで終了します。まだカップルになっていない男女が存在すれば次のステップに進みます。

男女とも有限の数ですので，このアルゴリズムは有限のステップで必ず終了します。

具体的に考えてみましょう。まず，ある男女がお互いを1位に指名している場合，その順位和は$1+1=2$となり，これが最小の順位和になりますので，この条件を満たす男女を最初にカップルにします。

次に，残った男女のうち，順位和が3であるカップルを成立させます。順位和が3になりうるのは，① 女性が1位に指名している男性がその女性を2位に指名している場合と，② 女性が2位に指名している男性がその女性を1位に指名している場合のどちらかになります。この2つの場合に該当するカップルが同時に存在する場合には，女性の希望を優先して，① の場合，つまり，女性が1位に指名し，男性が2位に指名しているカップルを先に形成します。

今度は，残った男女のうち，順位和が4であるカップルを成立させます。これに該当するのは，① 女性が1位に指名している男性がその女性を3位に指名している場合，② 女性が2位に指名している男性がその女性を2位に指名している場合，③ 女性が3位に指名している男性がその女性を1位に指名している場合のいずれかになります。この場合も女性の希望を優先して，① ② ③ の順にカップルを形成していきます。このようにして，順位和の低い順に，かつ女性の希望を優先的にして，すべてのカップルを形成していくのです。

この順位優先方式では，男女ともなるべく希望順位が高い順にカップルが形成されていきますので，これによってできあがるマッチングは当然，効率的なものになります。

結果 4.1　順位優先方式は効率的なマッチングを生み出す

ところが，この方式には問題があります。次の**例 4.1** を考えてみましょう。

■ 例 4.1　カップリング・パーティの例

いま3人の女性 w_1, w_2, w_3 と3人の男性 m_1, m_2, m_3 がカップリング・パーティに参加し，それぞれが提出した希望順位が以下のようであったとします。なお，ここでは選好を表す記号 P_i, Q_j を省略して，それぞれ左から順に第1希望，第2希望，第3希望を表すものとします。

女性 w_1：m_1　m_2　m_3
女性 w_2：m_2　m_3　m_1
女性 w_3：m_3　m_1　m_2

男性 m_1：w_2　w_3　w_1
男性 m_2：w_1　w_3　w_2
男性 m_3：w_3　w_2　w_1

この希望順位をもとに，先ほどの順位優先方式でカップルを形成するとどうなるでしょうか？

まず，順位和を計算する補助として表 4.1 のような表を作成してみましょう。ここで，各セル内の数字は左側が女性から見た男性の順位，右側は男性から見た

表 4.1　男女の希望順位

女性＼男性	m_1	m_2	m_3
w_1	1 ＼ 3	2 ＼ 1	3 ＼ 3
w_2	3 ＼ 1	1 ＼ 3	2 ＼ 2
w_3	2 ＼ 2	3 ＼ 2	1 ＼ 1

女性の順位です。例えば，女性 w_1 は男性 m_1 を第 1 位にしていますが，反対に男性 m_1 は女性 w_1 を第 3 位にしています。

この表から，女性 w_3 と男性 m_3 はお互いを第 1 希望にしているので，順位和が 2 であることから最初にカップルになります。

ほかに順位和が 2 のカップルはありませんので，次に優先されるのは順位和が 3 のカップルですが，女性 w_1, w_2 がそれぞれ第 1 希望にしている男性 m_1, m_2 は，それぞれ女性 w_1, w_2 を 2 位に希望していません。そこで，今度は男性 m_1, m_2 がそれぞれ第 1 希望にしている女性 w_2, w_1 のうち女性 w_1 が男性 m_2 を第 2 希望にしているので，これが順位和 3 のカップルとなります。

最後に残った女性 w_2 が第 3 希望にしている男性 m_1 が女性 w_2 を第 1 希望にしているので，この順位和 4 のカップルが成立します。

まとめると，次のマッチング μ が成立することになります。

$$\mu = \begin{pmatrix} m_1 & m_2 & m_3 \\ w_2 & w_1 & w_3 \end{pmatrix}$$

ここで，順位優先方式に従ってカップルを決めていくと，結果的に男性は 3 人ともすべて第 1 希望の女性とカップルになれていることに注意してください。順位優先方式のルールによれば，女性の希望を優先してカップルを決めているにもかかわらず，男性が大満足だという，全く正反対の結果になってしまいました。

結果 4.2 順位優先方式は女性優位なマッチングを生まないことがある

当然，女性はこの結果に不満です。そこで，例えば，女性 w_1 がこのような結果になることを見越して，真の選好を偽って，男性 m_1 が第 1 希望，男性 m_3 が第 2 希望，男性 m_2 が第 3 希望であるかのような希望順位，つまり，

女性 w_1：m_1 m_3 m_2

という選好を表明したとします。先ほどの**例 4.1** に示した真の選好から，2 位と 3 位を入れ替えたというわけです。他の男女の選好は**例 4.1** のままだとすると，この状況ではどのようなカップルが成立するでしょうか？ 先ほどの**例 4.1** と同じように考えていけば，次のマッチング μ' が成立することになります。

$$\mu' = \begin{pmatrix} m_1 & m_2 & m_3 \\ w_1 & w_2 & w_3 \end{pmatrix}$$

この場合，女性 w_1 は真の選好を偽ることで第1希望の男性 m_1 とカップルになりました。つまり，こうした虚偽の選好を表明することで女性 w_1 は得をしたのです。しかもこの場合，おまけに，女性 w_2 も第1希望の男性 m_2 とカップルになっています。こうして，女性全員に満足のいく状況になりました。

このように，女性側が選好を偽ることでマッチング結果を女性有利に変えることができるので，順位優先方式は**耐戦略性**を満たしていません。

結果 4.3　順位優先方式は耐戦略性を満たさない

問題はそれだけではありません。今度は，男女の選好が以下の場合を考えてみましょう（**例 4.2**）。

■ 例 4.2　カップリング・パーティの例（続）

いま3人の女性 w_1, w_2, w_3 と3人の男性 m_1, m_2, m_3 がカップリング・パーティに参加し，それぞれが提出した希望順位が以下のようであったとします。

女性 w_1：m_1 m_2 m_3
女性 w_2：m_2 m_1 m_3
女性 w_3：m_1 m_2 m_3

男性 m_1：w_1 w_2 w_3
男性 m_2：w_3 w_2 w_1
男性 m_3：w_3 w_1 w_2

この場合，次のマッチング μ'' が成立することになります。

$$\mu'' = \begin{pmatrix} m_1 & m_2 & m_3 \\ w_1 & w_2 & w_3 \end{pmatrix}$$

さて，このマッチング μ'' をよく見ると，女性 w_3 と男性 m_2 とに「駆け落ち」するインセンティブのあることがわかります。

なぜなら，女性 w_3 にとっては第3希望の男性 m_3 よりも第2希望の男性 m_2 とカップルになる方がよく，かつ男性 m_2 にとっては第2希望の女性 w_2

よりも第1希望の女性 w_3 とカップルになる方がよいからです。つまり，女性 w_3 と男性 m_2 はブロッキング・ペアになっています。したがって，順位優先方式で決まったこのマッチングは安定的ではないのです。

結果 4.4 順位優先方式は安定的ではないマッチングを生じることがある

なお，本章末に順位優先方式でマッチングを決める Python のプログラム（プログラム 4.1）を掲載してあります。これまでの例を入力したり，希望順位を変えて実行してみて，順位優先方式の理解を深めてください。

4.4 受入保留方式

こうして見てみると，カップルリング・パーティで用いられている順位優先方式は，効率的なマッチングを生み出しますが，必ずしも女性有利なマッチングを生み出すわけでもなく，耐戦略性を満たさないことがあり，しかもそのマッチングは安定的ではないことがあるということでした。

どのようなマッチング方式にも欠点はある，これまで示された例はたまたま「運が悪い」ケースなのだ，と考える人がいるかもしれません。

確かに，これまでに示してきた例は，順位優先方式の問題点を指摘するために意図して作られた人工的な例です。たまたま「運が悪い」ケースだけを取り上げていただけだと思われるかもしれませんが，順位優先方式には潜在的にこれだけの問題があるのだということは，忘れてはいけないことです。

さらにいえば，順位優先方式に対して指摘した問題をほとんどすべて解消できるような別の方式があるのだとすればどうでしょうか？ むしろそうした問題の少ない方式に変更した方がよいのではないでしょうか？

実はそのような理想的な方式が存在します。それが，次に説明する**受入保留**（**DA**：deferred acceptance）**方式**です（あるいは，考案者たちの名前を取ってゲール＝シャプレーのアルゴリズムとも呼ばるものです[6)]）。

この受入保留方式では，女性からプロポーズする場合には必ず女性優位なマッチングを生み出すことができます。また，そのマッチングは，1対1マッチングの状況では効率的であり，かつ安定的でもあります。最後に，プロポーズをする側の女性には偽の選好を提出するインセンティブはなく耐戦略性も満た

6) Gale and Shapley (1962).

されます。このように，受入保留方式は，順位優先方式に対して指摘した問題点がほとんど解消されています。

ただ，残念ながら，プロポーズを受ける側の男性側には偽の選好を表明するインセンティブが生まれる場合があります。しかし，女性・男性の双方について耐戦略性を満たすようなメカニズムは決して存在しないという**不可能性定理**が証明できますので[7]，受入保留方式は，実現可能なメカニズムの中で最善のものといってよいと思います。

結果 4.5　受入保留方式は，プロポーズする側の女性優位なマッチングを生み出し，そのマッチングは効率的かつ安定的であり，また女性側については耐戦略性を満たす

それでは，受入保留方式はどのようなアルゴリズムでマッチングを決めていくのかを具体的に説明していきましょう。

なお，単純化のため，この場合も男女が同数いて，男女とも1人でいるよりは誰かとカップルになった方がよいと思っているとします。この前提から男女ともに必ず誰かとカップルになれることが保証されます。もちろん，現実には男女の数が違うために，カップルになれない人が生じる可能性があることには注意してください。

受入保留方式のアルゴリズム

ステップ0　女性と男性がそれぞれに対する希望順位を提出します。

ステップ1　女性はその第1希望の男性にプロポーズします。男性は，プロポーズしてきた女性のうち最も希望順位が高い女性を仮受け入れします。すべての女性がいずれかの男性に仮受け入れされれば，ここでカップルを確定して終了します。まだ仮受け入れされていない女性が存在すれば次のステップに進みます。

ステップ2　ステップ1終了時にまだ男性に仮受け入れされていない女性は，その第2希望の男性にプロポーズします。男性は，プロポーズしてきた女性とその直前のステップで仮受け入れした女性のうち最も希望順位が高い女性を新たに仮受け入れし直します。すべての女性がいずれかの男性に仮受け入れされ

7）　証明を知りたい方は，Roth and Sotomayor（1990）の4.2節を参照してください。それほど難しくありません。

れば，ここでカップルを確定して終了します。まだ仮受け入れされていない女性が存在すれば次のステップに進みます。

⋮

ステップ $\boldsymbol{k}$ ステップ $k-1$ 終了時にまだ男性に仮受け入れされていない女性は，まだプロポーズしていない男性のうち最も希望順位の高い男性にプロポーズします。男性は，プロポーズしてきた女性とその直前のステップ $k-1$ で仮受け入れした女性のうち最も希望順位が高い女性を新たに仮受け入れし直します。すべての女性がいずれかの男性に仮受け入れされれば，ここでカップルを確定して終了します。まだ仮受け入れされていない女性が存在すれば次のステップに進みます。

先ほど順位優先方式では安定的ではないマッチングが生み出された**例 4.2** の例を用いて，受入保留方式でのカップルの決まり方を説明しましょう。

■ 例 4.3 受入保留方式の例

受入保留方式でマッチングが決まっていく様子を理解しやすくするために，プロポーズされる側の男性が一列に並んで立っていて，女性がプロポーズしたい男性の前に移動していくという状況を想像してみてください。

まず，女性 w_1 と w_3 が男性 m_1 を，女性 w_2 が男性 m_2 を第 1 希望にしていますので，次のような状況になります。

m_1	m_2	m_3
w_1, w_3	w_2	

男性 m_2 は自分にプロポーズしてきたのが女性 w_2 だけなので，彼女を仮受け入れします（誰ともカップルになれないよりもその方がよいからです）。男性 m_1 については，女性 w_1 の方が w_3 よりも希望順位が高いので，女性 w_1 を仮受け入れします。すると，以下のような状況になります。

m_1	m_2	m_3
w_1	w_2	

次に，誰にも仮受け入れされなかった女性 w_3 は，第 2 希望の男性 m_2 にプロポーズします。それが以下の状況です。

m_1	m_2	m_3
w_1	w_2, w_3	

男性 m_2 はすでに女性 w_2 を仮受け入れしていますが，女性 w_3 の方が w_2 よりも希望順位が高いので，女性 w_2 を仮受け入れから外して女性 w_3 を仮受け入れし直します。すると，次のような状況になります。

m_1	m_2	m_3
w_1	w_3	

今度は仮受け入れから外された女性 w_2 が第 2 希望の男性 m_1 にプロポーズします。それが以下の状況になります。

m_1	m_2	m_3
w_1, w_2	w_3	

男性 m_1 はすでに女性 w_1 を仮受け入れしていて，女性 w_1 の方が w_2 よりも希望順位が高いので，女性 w_1 を仮受け入れし続けます。すると，以下の状況になります。

m_1	m_2	m_3
w_1	w_3	

最後に，女性 w_2 は第 3 希望の男性 m_3 にプロポーズし，男性 m_3 は他に誰からもプロポーズされていないので，この女性 w_2 を仮受け入れします。それが以下の状況になります。

m_1	m_2	m_3
w_1	w_3	w_2

この時点で，すべての女性が仮受け入れされたので，これでカップルを確定します。まとめると，次のマッチング ν が成立することになります。

$$\nu = \begin{pmatrix} m_1 & m_2 & m_3 \\ w_1 & w_3 & w_2 \end{pmatrix}$$

(1) 安 定 性

実際，この受入保留方式で生み出されたマッチングは安定的です。まず，上で求めたマッチング ν では，順位優先方式によって生み出されたマッチングではブロッキング・ペアになっていた女性 w_3 と男性 m_2 がカップルになっている点に注目してください。

具体的にマッチング結果を見てみると，まず女性 w_1 と男性 m_1 はお互いに第 1 希望同士なので，お互いに相手を変えようというインセンティブはありません。

次に，女性 w_3 と男性 m_2 については，第 1 希望の女性とカップルになっている男性 m_2 には相手を変えようというインセンティブはなく，女性 w_3 が第 1 希望にしている男性 m_1 は第 1 希望の女性 w_1 とカップルになっているので，「駆け落ち」には応じてもらえません。

最後に，女性 w_2 と男性 m_3 ですが，女性 w_2 がより上位に希望している男性 m_1 も m_2 も第 1 希望の女性とカップルになっているので「駆け落ち」には応じてくれませんし，男性 m_3 が第 1 希望にしている女性 w_3 は男性 m_3 より m_2 を好んでいて，第 2 希望にしている女性 w_1 は男性 m_3 より男性 m_1 を好んでいるので「駆け落ち」には応じてくれません。

したがって，この受入保留方式で生み出されたマッチングでは，どの男女もブロッキング・ペアになりえないので安定的です。

これはたまたまこの例ではそうだった，というのではなくて，受入保留方式ならば必ずいつでも安定的なマッチングが生み出されます。

なぜそうなるのかといえば，直観的に説明すると次のようになります。いま逆に安定的ではないカップルを考えます。このとき，女性にはカップルに決まった相手よりも好みの男性がほかにいて，かつその男性にとってもカップルになった女性よりもその女性が好みであるという事態になっているはずです。

しかし，受入保留方式ではこのようなことは起こりえません。なぜなら，男性は最後の女性が自分にプロポーズするまで，どの女性を仮受け入れするか判断を変えることができ，自分にプロポーズするすべての女性の中から一番好みの女性を仮受け入れできます。

また，女性は第 1 希望の男性から順にプロポーズしていくので，自分を受け入れてくれる中で一番希望順位が高い男性とマッチするはずです。

さらにいえば，アルゴリズムの説明の便宜上，仮受け入れやプロポーズといった「人間的な」行為を表す言葉を使っていますが，実際にはアルゴリズムがこれらを機械的に行うので，そこで間違った相手を選んでしまうということもありません。したがって，男性も女性も，最終的にカップルになった相手より希望順位の高い相手を仮受け入れし忘れたり，プロポーズし忘れているはずがないのです。

⑵ **効 率 性**

また，同じ理由により，こうして受入保留方式で決まるマッチングは，男女それぞれの希望をなるべく反映したものになっているので，**効率的**であることもわかります。

一般的に，この1対1マッチングでは安定的なマッチングは効率的です。ただし，その逆は必ずしも成り立ちません。

⑶ **耐 戦 略 性**

また，この場合，順位優先方式で生み出されたマッチングのように，女性の側に選好を偽るインセンティブはありません。つまり，受入保留方式は，女性側にとっては**耐戦略性**を満たすメカニズムであるわけです。

具体的に見ていくと，マッチングνでは，女性w_1は第1希望の相手とカップルになっているので，選好を偽ることはありません。では，第2希望とカップルになっている女性w_3や第3希望とカップルになっている女性w_2はどうでしょうか？

まず，男性m_1は第1希望の女性w_1とカップルになるので，女性w_3としては第2希望の男性m_2とカップルになる以上に良い結果は望めません。また，男性m_2にとって女性w_3は第1希望なので，女性w_2がどのように選好を偽ろうと，男性m_2とカップルになることはありえません。ということで，女性w_2もw_3も選好を偽っても得をすることは決してないのです。

これもたまたまこの例ではそうだった，というわけではありません。受入保留方式がプロポーズする女性側にとって耐戦略性を満たすメカニズムであることは，一般的に成り立つことであることを証明できます。

直観的に説明すると，次のようになります。まず，女性が希望順位を偽るということは，どの男性からプロポーズしていくか，その順番を変えることを意味します。ところが，受入保留方式では，男性がどの女性を最終的に仮受け入れするのかは，自分に対してプロポーズしてくる女性をすべて知った後でなされます。したがって，女性が希望順位を偽ってプロポーズする順番を変えても，最終的に誰とカップルになれるかには全く影響しません。したがって，女性側には選好を偽るインセンティブは生まれないのです。

しかし，男性側には選好を偽るインセンティブがあります。ここでは，**例 4.1** で考えてみます。

■ 例 4.4 男性側が選好を偽った場合

まず，**例 4.1** の状況で男女ともに全員が選好を正直に提出した場合，受入保留方式のもとでは 154 頁のマッチング μ' となり，女性全員が第 1 希望にしている男性とそれぞれカップルになりますが，例えば，男性 m_1 は第 3 希望の女性 w_1 とカップルになります。

そこで，このことを見越して，男性 m_1 が選好を偽って，第 3 希望に何も希望を書かないとします。つまり，本当は第 3 希望の女性 w_1 とカップルになった方が 1 人でいるよりも良いと思っていますが，第 1 希望や第 2 希望の相手とカップルになれないくらいなら 1 人でいる，という嘘をつくというわけです。

すると，この偽の選好のもとで受入保留方式を実行するとどうなるでしょうか？

まず，女性の第 1 希望から見ていくと，女性 w_2 と w_3 はそれぞれ男性 m_2 と m_3 に仮受け入れされますが，女性 w_1 が第 1 希望にしている男性 m_1 は女性 w_1 を希望順位に入れていないので，女性 w_1 は男性 m_1 に仮受け入れされません。

そこで，女性 w_1 は第 2 希望の男性 m_2 にプロポーズします。男性 m_2 はすでに仮受け入れしている女性 w_2 よりも女性 w_1 を好んでいるので，女性 w_2 を仮受け入れから外して女性 w_1 を仮受け入れし直します。

仮受け入れから外された女性 w_2 は第 2 希望の男性 m_3 にプロポーズしますが，男性 m_3 はすでに仮受け入れしている女性 w_3 の方を好んでいるので，女性 w_2 は受け入れられません。

そこで，女性 w_2 は第 3 希望の男性 m_1 を指名し，男性 m_1 はまだ誰も仮受け入れしていないので，女性 w_2 を受け入れます。

これですべての男女のカップルが決まったので，これでマッチングが確定になります。こうして，以下のマッチング η が成立します。

$$\eta = \begin{pmatrix} m_1 & m_2 & m_3 \\ w_2 & w_1 & w_3 \end{pmatrix}$$

このようにして選好を偽ることにより，男性 m_1 は（それにともない男性 m_2

も）より上位に希望している女性とカップルになれて，得をしています。

このように，受入保留方式では，男性側には選好を偽るインセンティブが存在します。このことは一般的に成り立つ性質で，男性側に選好を偽るインセンティブがないようなマッチングを常に生み出すような方式は決して存在しないという不可能性定理が知られています。

なお，**例 4.2** では安定的なマッチングは1つしかありませんが，一般に安定的なマッチングは複数存在することがあります。しかし，受入保留方式では，その中で女性にとって一番有利なマッチングが選び出されます。これを**女性最適安定マッチング**といいます。

なお，ここで注意していただきたいのは，女性最適安定マッチングとは安定的なマッチングの中で女性にとって一番有利なマッチングということです。したがって，安定的ではないマッチングを含む可能なすべてのマッチングの中には，女性にとってもっと良いマッチングが存在するかもしれません。これらの関係を図式化したのが図 4.1 になります。

例えば，**例 4.1** に対して順位優先方式が生み出すマッチング μ は男性優位なものでしたが，それは同時に安定的なマッチングになっているので**男性最適安定マッチング**でした。さらに，同じ**例 4.1** に対して受入保留方式では次の**女性最適安定的マッチング** ν' が導かれます（154 頁の μ' と同じ）。

$$\nu' = \begin{pmatrix} m_1 & m_2 & m_3 \\ w_1 & w_2 & w_3 \end{pmatrix}$$

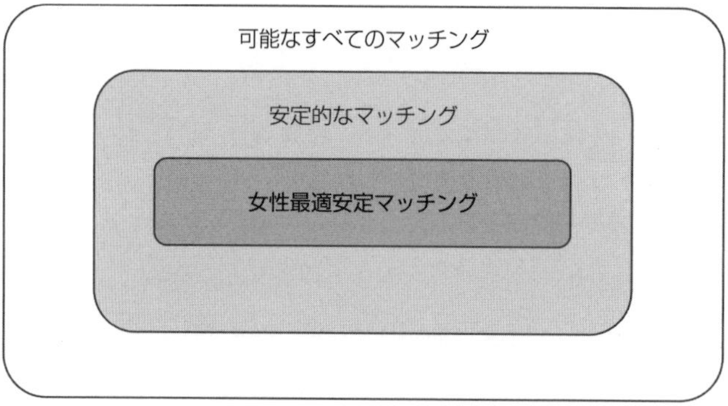

図 4.1　マッチング間の関係

このように**例 4.1** では安定的なマッチングは μ と ν' の 2 つあったことになります。

結果 4.6 一般に安定的なマッチングは複数存在する

さて，**例 4.1** の環境では 2 つの安定的マッチングがありましたが，実は，男性最適安定マッチング μ は，安定的なマッチングの中では女性にとって最悪なもの（**女性最悪安定マッチング**）であり，逆に，女性最適安定マッチング ν' は，安定的なマッチングの中では男性にとって最悪なもの（**男性最悪安定マッチング**）になっています。

実際，男性最適安定マッチング

$$\mu = \begin{pmatrix} m_1 & m_2 & m_3 \\ w_2 & w_1 & w_3 \end{pmatrix}$$

においては，男性全員が第 1 希望の女性とマッチしていますが，女性 w_1 は第 2 希望，女性 w_2 は第 3 希望，女性 w_3 は第 1 希望の男性とマッチしています。一方，女性最適安定マッチング

$$\nu' = \begin{pmatrix} m_1 & m_2 & m_3 \\ w_1 & w_2 & w_3 \end{pmatrix}$$

においては，女性全員が第 1 希望の男性とマッチしていますが，男性 m_1 は第 3 希望，男性 m_2 は第 3 希望，男性 m_3 は第 1 希望の女性とマッチしています。

これらのマッチング μ と ν' と比べると，第 1 希望同士である男性 m_3 と女性 w_3 はどちらのマッチングでも同じ相手とカップルになっていますが，m_3 以外の男性は μ から ν' に変わると希望順位の低い女性とマッチすることになっており，また，w_3 以外の女性は ν' から μ に変わると希望順位の低い男性とマッチすることになっています。つまり，男性全体として見れば ν' は μ よりも劣っており，女性全体として見れば μ は ν' よりも劣っています。

そして，**例 4.1** の環境ではこの 2 つしか安定的なマッチングは存在しないので，男性最適安定マッチング μ は女性最悪安定マッチングであり，女性最適安定マッチング ν' は男性最悪安定マッチングであるということになります。

ちなみに，男性と女性の選好に同順位がない場合には一般にこの性質が成立

するという事実は，組版処理システムである TeX（テフまたはテックと読む）の開発者としても知られるコンピュータ科学者のドナルド・クヌースが最初に発見したものです。

結果 4.7　男性と女性の選好に同順位がない場合には，男性最適安定マッチングは女性最悪安定マッチングであり，女性最適安定マッチングは男性最悪安定マッチングである

最後に，もう１つマッチング理論において重要な問題を指摘しておきます。ここまでの議論では，男女が同数の場合を想定していましたので，男女とも必ず誰かとカップルになれました。しかし，一般的には男女同数とは限りませんので，誰ともカップルになれない人が生じる可能性があります。以下の**例 4.5**をご覧ください。

■ 例 4.5　男女が同数ではない場合のマッチング

３名の女性と２名の男性，それぞれの選好は以下のとおりだとします。

女性 w_1：m_1 m_2
女性 w_2：m_2 m_1
女性 w_3：m_1 m_2

男性 m_1：w_2 w_1 w_3
男性 m_2：w_1 w_2 w_3

受入保留方式で女性からプロポーズすると，次の女性最適安定マッチング μ が得られます。

$$\mu = \begin{pmatrix} m_1 & m_2 & w_3 \\ w_1 & w_2 & w_3 \end{pmatrix}$$

女性 w_3 はどの男性ともマッチしないので，自分自身とマッチする（１人でいる）ことになります。逆に男性からプロポーズすると，次の男性最適安定マッチング ν が得られます。

$$\nu = \begin{pmatrix} m_1 & m_2 & w_3 \\ w_2 & w_1 & w_3 \end{pmatrix}$$

これ以外に安定的マッチングはなく，女性 w_3 はどちらの安定マッチングでもカップルになる相手はいません。

例 **4.5** はかなり自明な場合でしたが，一般的には，次のような事実が成立します。

結果 4.8　ある安定マッチングにおいて誰ともカップルになれなかった人は，別のどの安定マッチングにおいても誰ともカップルになれない

ここでも，カップルになれないことが問題となっているのは安定マッチングの間でのみであることに注意してください。安定的ではないマッチングでは，誰かとマッチできる可能性があります（しかし，そのような安定的ではないマッチングには問題があります）。

なお，Web 付録に受入保留方式で 1 対 1 マッチングを決める Python のプログラムを掲載してあります。これまでの例を入力したり，希望順位を変えたりして実行してみてください。

4.5　1 対多マッチング

ここまでは 1 対 1 マッチングについて考えてきましたが，次に，生徒をどの学校に入学させるかや，大学生をどの研究室に配属させるかといった，1 対多マッチングの問題について考えていこうと思います。前者を**学校選択問題**，後者を**研究室配属問題**といいます。

この場合，プロポーズする側の生徒や学生はそれぞれ入学したい学校や配属してもらいたい研究室に対する選好を持っています。一方，研究室配属問題では研究室の教員もまた学生に対する選好を持っていますが，学校選択問題の場合には学校側は選好を持っておらず，（学区内の生徒かどうかといった）あらかじめ定められた基準に従って決められた**優先順位**だけを持っているものと考えます。その結果，研究室配属問題では教員が選好を偽るインセンティブがありますが，学校選択問題では学校側にはいっさいそうした戦略的行動は許されていません。

さて，これら 2 つの問題においても，1 対 1 マッチングのときと同様に，受入保留（DA）方式は（プロポーズする側の生徒や学生に関して）耐戦略性と安定性を満たすことを示すことができます。しかし，研究室配属問題ではプロポーズを受ける教員側については耐戦略性が満たされません。また，研究室配属問題では安定性を満たしていれば効率性も満たされますが，学校選択問題では必

ずしもそうとは限らないことも示されます。学校選択問題ではさらに，（プロポーズする側の生徒に関して）耐戦略性と効率性を満たすが安定性を満たさないトップ・トレーディング・サイクル方式についても紹介していきます。

4.6 大学生の研究室配属

大学生は一定の学年になると卒業研究を行う研究室を選択しますが，この場合，大学生は希望する研究室に順位を付けると同時に，学生を受け入れる研究室の教員もまた，成績や面接などを通じて，受け入れる学生に対する希望順位を形成します。このとき，一般的には学生はたかだか1つの研究室にしか所属できませんが，研究室の方では複数の学生を受け入れます。その意味で，この大学生の研究室配属の問題は1対多マッチングの例になっています。

この研究室配属の問題に対しては，多くの場合，次のような方式が用いられているのではないかと思います。

まず，学生は研究室に対する希望順位を提出します。一般に複数の学生から第1希望の指名を受けた研究室の教員は，それらの学生の中から受け入れを希望する順に，あらかじめ定められた研究室の定員になるまで採用していきます。採用された学生の所属は，先ほどの受入保留方式における仮受け入れと違い，これで確定になります。

第1希望の研究室に受け入れてもらえなかった学生たちは，第2希望の研究室を指名します。研究室の教員は，まだ定員に空きがあるかぎり，第2希望で指名してきた学生の中から受け入れを希望する順に，研究室の定員になるまで採用していきます。採用された学生の所属はこれで確定です。

以下同様に，学生の第3希望，第4希望という順で調べていき，すべての学生の所属が決定するか，学生の希望順位をすべて調べ終わった時点で終了するというわけです。ちなみに，この方式は**即時受入**（IA：immediate acceptance）方式と呼ばれ，後で触れる学校選択問題ではボストン方式と呼ばれることがあります。即時受入方式のアルゴリズムを以下に示します。

即時受入方式のアルゴリズム

ステップ0　学生と研究室がそれぞれに対する希望順位を提出します。

ステップ 1 学生はその第 1 希望の研究室にプロポーズします。研究室は，プロポーズしてきた学生のうち希望順位が高い順に学生を定員まで受け入れます。これらの学生の配属はこれで確定します。残りの学生は拒否します。すべての学生がいずれかの研究室に受け入れられれば，これで終了します。まだどの研究室にも受け入れられていない学生が存在すれば次のステップに進みます。

ステップ 2 ステップ 1 終了時にまだどの研究室にも受け入れられていない学生は，その第 2 希望の研究室にプロポーズします。研究室は，まだ定員に空きがあれば，プロポーズしてきた学生のうち希望順位が高い順に学生を残った定員まで受け入れます。これらの学生の配属はこれで確定します。残りの学生は拒否します。すべての学生がいずれかの研究室に受け入れられれば，これで終了します。まだどの研究室にも受け入れられていない学生が存在すれば次のステップに進みます。

⋮

ステップ $\boldsymbol{k}$ ステップ $k-1$ 終了時にまだどの研究室にも受け入れられていない学生は，その第 k 希望の研究室にプロポーズします。研究室は，まだ定員に空きがあれば，プロポーズしてきた学生のうち希望順位が高い順に学生を残った定員まで受け入れます。これらの学生の配属はこれで確定します。残りの学生は拒否します。すべての学生がいずれかの研究室に受け入れられれば，これで終了します。まだどの研究室にも受け入れられていない学生が存在すれば次のステップに進みます。

さて，こうした大学生の研究室配属問題のような 1 対多マッチングについても，1 対 1 マッチングのときと同様に，効率性や安定性，耐戦略性といった性質を考えることができます。そこで，先ほど述べた即時受入方式によってマッチングを決める場合にこれらの性質を満たしているか，検討してみることにしましょう。

まず，学生が自分の選好に従って正直に希望順位を書いたとすると，1 位から順に応募していくことになり，また，研究室の教員も応募してきた学生の中から希望する順に採用していくので，こうしてできるマッチングは効率的になります。

結果 4.9 即時受入方式は効率的なマッチングを生み出す

ところが，この研究室配属のルールが生み出すマッチングは安定的ではないことがあります。次の**例4.6**を考えてみましょう。

■ 例4.6　即時受入方式の例

いま4人の学生 s_1, s_2, s_3, s_4 が，3つの研究室 c_1, c_2, c_3 への配属を検討しています。研究室の定員は c_1 と c_2 が1名で，c_3 が2名です。学生と研究室それぞれが提出した希望順位は以下のようであったとします。なお，ここでは選好を表す記号 P_i, Q_j を省略して，それぞれ左から順に第1希望，第2希望，第3希望を表すものとします。

学生 s_1：c_1 c_2 c_3
学生 s_2：c_1 c_2 c_3
学生 s_3：c_2 c_3 c_1
学生 s_4：c_3 c_1 c_2

研究室 c_1：s_1 s_2 s_3 s_4
研究室 c_2：s_2 s_3 s_4 s_1
研究室 c_3：s_4 s_1 s_2 s_3

これらの希望順位をもとに，先ほどの即時受入方式でカップルを形成するとどうなるでしょうか？ 即時受入方式でマッチングが決まっていく様子を理解しやすくするために，プロポーズされる側の研究室の教員が一列に並んで立っていて，学生がプロポーズしたい研究室の教員の前に移動していくという状況を想像してみてください。

まず，学生 s_1 と s_2 は研究室 c_1 を，学生 s_3 は研究室 c_2 を，学生 s_4 は研究室 c_3 をそれぞれ第1希望にしていますので，次のような状況になります。

c_1	c_2	c_3
s_1, s_2	s_3	s_4

学生 s_3 と s_4 はそれぞれ定員以上の応募がなかったので第1希望の研究室 c_2, c_3 に採用されますが，学生 s_1 と s_2 は定員が1名の同じ研究室 c_1 を希望しており，研究室 c_1 の教員の希望では学生 s_1 の方が s_2 よりも好まれているので s_1 の方が採用されます。すると，次のような状況になります。

c_1	c_2	c_3
s_1	s_3	s_4

次に，どこの研究室にも採用されていない学生 s_2 は第2希望の研究室 c_2 に

プロポーズしますが，c_2 の定員がすでに埋まっているので採用されません。そこで，第 3 希望の研究室 c_3 にプロポーズし，研究室 c_3 の定員は 2 名でまだ空席があるので，そこに採用されることになります。それが以下の状況です。

c_1	c_2	c_3
s_1	s_3	s_2, s_4

こうしてすべての学生の配属が決まりました。まとめると，次のマッチング μ が成立することになります。

$$\mu = \begin{pmatrix} c_1 & c_2 & c_3 \\ s_1 & s_3 & s_2, s_4 \end{pmatrix}$$

ここで，学生 s_2 と研究室 c_2 に注目します。この 2 者は結託して，先ほどの配属ルールの結果を無視して「駆け落ち」するインセンティブがあります[8)]。というのは，学生 s_2 は第 3 希望の研究室 c_3 よりも第 2 希望の研究室 c_2 に所属した方がよく，かつ研究室 c_2 は第 2 希望の学生 s_3 よりも第 1 希望の学生 s_2 を採用したいからです。したがって，この即時受入方式によって生み出されたマッチングは安定的ではありません。

結果 4.10 即時受入方式で生み出されるマッチングは安定的ではないことがある

それだけではなく，この即時受入方式は耐戦略性も満たしていません。ここで，第 3 希望の研究室に配属される学生 s_2 がこうした事態を予期して，希望順位を研究室 c_2 が 1 位，c_1 が 2 位，c_3 が 3 位のように偽ると，配属結果を改善できます。具体的には，学生 s_2 が選好を偽った場合には，次のマッチング μ' が成立することになります。

$$\mu' = \begin{pmatrix} c_1 & c_2 & c_3 \\ s_1 & s_2 & s_3, s_4 \end{pmatrix}$$

この場合，学生 s_2 は第 2 希望の研究室 c_2 に配属されることになり，正直に

8） 実際にはルールを無視して配属を変更することは許されないとすれば，現実に「駆け落ち」することはできないかもしれませんが，学生 s_2 と研究室 c_2 には大きな不満が残るという意味で，こうした配属ルールには問題があるということです。

選好を表明した場合よりも結果が改善しています。したがって，少なくとも学生 s_2 に選好を偽るインセンティブがあるため，即時受入方式は耐戦略性を満たしていません。

結果 4.11　即時受入方式は耐戦略性を満たさない

4.7　1 対多マッチングにおける受入保留方式

現実には，先ほどの学生の研究室配属問題と似た問題はほかにもいろいろあります。高校生を希望する大学に配属する**大学入学問題**（college admissions problem）や，就職先を探している人と求人をしている企業とをマッチングする**就職市場**の問題などがそうした例になります。一般に，定員のあるポジションに人員を配置していく問題は，すべて研究室配属問題と類似の問題になります。

それでは，こうした問題に対して，安定性や耐戦略性を満たす方式は存在するのでしょうか？ 実は，1 対 1 マッチングに対して提案された受入保留方式を，こうした 1 対多マッチングの場合に拡張した方式がそれに該当します[9)]。

それでは，先ほどの研究室配属問題を例にとってそのルールを具体的に説明していきましょう。

まず，学生が第 1 希望に配属されるかどうかを調べていきます。ある研究室を第 1 希望に指名している学生が複数いる場合，研究室の教員はその中から自分の希望順位の上位から順に定員になるまで学生を仮配属します。

次は，まだどの研究室からも仮配属されていない学生の第 2 希望を調べます。学生から第 2 希望で指名された研究室の教員は，もしすでに仮配属している学生がいれば，その学生も含めて自分を指名している学生全員の中で一番順位が高い順に定員になるまで学生を改めて仮配属し直します。

もしここで，第 1 希望の研究室から仮配属されていたのに，第 2 希望の学生が応募してきたために仮配属から外れてしまった学生は，今度は第 2 希望の研究室が自分を仮配属してくれるかを調べます。

以下同様に，学生の第 3 希望，第 4 希望という順で調べていきます。

---

9)　大学入学問題について詳しくは，Roth and Sotomayor（1990）の第 5 章と第 6 章を参照してください。

すべての学生に仮配属が決まったか，学生の希望順位を最後まで調べ終えたら，その時点で仮配属されている学生は，その研究室への配属が確定されます。

この受入保留方式のアルゴリズムをまとめると次のようになります。

受入保留方式のアルゴリズム

ステップ 0　学生と研究室がそれぞれに対する希望順位を提出します。

ステップ 1　学生はその第 1 希望の研究室にプロポーズする。研究室は，プロポーズしてきた学生のうち希望順位が高い順に学生を定員まで仮配属させます。残りの学生は拒否します。すべての学生がいずれかの研究室に仮配属されれば，仮配属を最終的な配属にして終了します。まだどの研究室にも仮配属されていない学生が存在すれば次のステップに進みます。

ステップ 2　ステップ 1 終了時にまだどの研究室にも仮配属されていない学生は，その第 2 希望の研究室にプロポーズします。研究室は，ステップ 1 で仮配属させた学生とプロポーズしてきた学生の両方のうち希望順位が高い順に定員まで再度，学生を仮配属し直します。残りの学生は拒否します。すべての学生がいずれかの研究室に仮配属されれば，仮配属を最終的な配属にして終了します。まだどの研究室にも仮配属されていない学生が存在すれば次のステップに進みます。

⋮

ステップ k　ステップ $k-1$ 終了時にまだどの研究室にも受け入れられていない学生は，まだプロポーズしていない研究室のうち最も希望順位の高い研究室にプロポーズします。研究室は，ステップ $k-1$ で仮配属させた学生とプロポーズしてきた学生の両方のうち希望順位が高い順に定員まで再度，学生を仮配属し直します。残りの学生は拒否します。すべての学生がいずれかの研究室に仮配属されれば，仮配属を最終的な配属にして終了します。まだどの研究室にも仮配属されていない学生が存在すれば次のステップに進みます。

次の**例 4.7** で，受入保留方式のもとでどのようにマッチングが決まるかを確認してみましょう。なお，本章末には 1 対多マッチングの場合に受入保留方式でマッチングを決定する Pyhton プログラム（**プログラム** 4.3）が掲載されています。そのプログラムを実行することで，以下の例を確認することもできます。

例 4.7　受入保留方式の例

ここでは，先ほどの**例 4.6** と同じ環境のもとで，受入保留方式を適用してマッチングを求めてみましょう。

例 4.6 の希望順位をもとに，受入保留方式を適用すると，まず，学生 s_3 と s_4 はそれぞれ第 1 希望の研究室 c_2，c_3 に仮配属されます。学生 s_1 と s_2 はともに研究室 c_1 を第 1 希望にしていますが，研究室 c_1 の教員は学生 s_1 を s_2 より好んでいるので学生 s_1 を仮配属します。

第 1 希望の研究室に仮配属されなかった学生 s_2 は第 2 希望の研究室 c_2 にプロポーズします。研究室 c_2 の教員は仮配属している学生 s_3 よりも s_2 の方を好んでいるので学生 s_2 を仮配属し直します。

第 1 希望の研究室 c_2 から仮配属を外された学生 s_3 は第 2 希望の研究室 c_3 に応募し，研究室 c_3 にはまだ定員が 1 名分余っているので，学生 s_3 は研究室 c_3 に採用されることになります。

まとめると，次のようなマッチング μ' が決定されることになります。これは，即時受入方式で学生 s_2 が選好を偽った場合のマッチング μ' と同じものです。

$$\mu' = \begin{pmatrix} c_1 & c_2 & c_3 \\ s_1 & s_2 & s_3, s_4 \end{pmatrix}$$

ここでは詳しく説明しませんが，1 対 1 マッチングにおける受入保留方式に対して示したのと同じようにして，この 1 対多マッチングに対する受入保留方式が生み出すマッチングもまた安定的であることが証明できます。また，それは効率的なマッチングにもなっています。

結果 4.12　受入保留方式は常に安定的なマッチングを生み出す。また，そのマッチングは効率的である

なお，**例 4.7** では，受入保留方式で生み出されるマッチングにおいて，学生のうち不満を持ちうるのは，第 2 希望の研究室に配属された学生 s_2 と s_3 ですが，それぞれが第 1 希望にしている研究室 c_1, c_2 はそれぞれ第 1 希望の学生を採用しているので，「駆け落ち」に応じてくれません。第 4 希望の学生を採用することになる研究室 c_3 の教員も不満を持ちえますが，第 2，第 3 希望の学生 s_1, s_2 はそれぞれ第 1，第 2 希望の研究室に配属されるので，第 3 希望であ

る研究室 c_3 の誘いには応じてくれません。ということで，このマッチングは安定的です。

また，受入保留方式はプロポーズする側の学生にとって有利な安定マッチング（**学生最適安定マッチング**といいます）を生み出すというのも同様です。

結果 4.13　学生プロポーズ受入保留方式では学生最適安定マッチングが実現する

そして，学生にとっては偽の選好を提出するインセンティブはないという意味で（学生側の）耐戦略性を満たしています。しかし，研究室側には選好を偽るインセンティブが生じることがあるというところも，安定結婚問題と同じです。

結果 4.14　学生プロポーズ受入保留方式は，学生側に対して耐戦略性を満たす

一般に，学生側にとっても研究室側にとっても偽の選好を提出するインセンティブがないようなメカニズムは存在しないという**不可能性定理**が成立するのも 1 対 1 マッチングの場合と同じですので，研究室配属問題において，受入保留方式が最も理想的なマッチング方式だといえるでしょう。

なお，学生・研究室の希望順位や定員次第では，どの研究室にも配属されない学生や，定員が埋まらない研究室も生じることがあります。仮にどの学生にとってもすべての研究室が受け入れ可能であり，どの研究室にとってもすべての学生が受け入れ可能であるならば，各研究室の定員の合計が学生総数に等しくなるように設定すれば，こうした問題をなくすことができます。

しかし，現実には，受け入れ可能ではない学生や研究室があるものです。この場合，1 対 1 マッチングにおける**結果 4.8** に対応する次の**僻地病院定理**（rural hospital theorem）が成立します。

結果 4.15（僻地病院定理）　ある安定マッチングにおいて，研究室に配属される学生の集合と，各研究室における定員の埋まり方は，他のどの安定マッチングにおいても同一である

この僻地病院定理をわかりやすい例でいうと，ある安定マッチングで 1 人も学生が配属されない研究室は，他のどの安定マッチングにおいても 1 人も学生が配属されない，ということです。なお，注意してほしいのは，ここで問題になっているのは安定マッチングのみであるということです。ある安定マッチングでどの学生ともマッチしない研究室があるとしても，安定的ではない

他のマッチングではその研究室とマッチする学生がいるかもしれません。しかし，その場合は，その学生にとってはその研究室は受け入れ可能ではない（個人合理性を満たさない）か，「駆け落ち」する学生と研究室のペア（ブロッキング・ペア）が存在するか，そのどちらかの状態にあります。

4.8 学校選択問題

次に考えてみたいのは**学校選択問題**（school choice problem）です。日本では今でも，公立の小中学校では通学圏にある学校に入学するのが通常ですが，欧米では入学する学校を自由に選べるようになっています。そこで，生徒（の両親）はどの学校に入学したいか，その希望順位（選好）を提出します。一方，学校側はどれくらいの人数の生徒を受け入れ可能なのか，その定員と同時に，例えば，在校生の弟や妹を優先的に入学させるといった，どのような生徒を受け入れるか，その**優先順位**（priority order）をあらかじめ定めています。これらの情報をもとにして生徒の入学先を決定するのが学校選択問題です。

これは，先ほど説明した研究室配属問題と似ていますが，重要な違いがあります。生徒が希望順位を提出することや学校側に定員があるのは同じですが，学校側の優先順位は研究室配属における教員側の選好とは異なります。研究室配属においては，教員が表明する選好は（虚偽のものも含めて）自由に選べました。ところが，学校選択問題における優先順位は学校側が自由には選べません。優先順位は，地域の教育委員会とか教育政策，あるいは学校の募集案内等を通じてあらかじめ設定されているので，学校側が自由に変更できないものと考えます。したがって，研究室配属で見たような，教員側の戦略的行動は考えなくてもよくなっています。

もう1つの違いは，研究室配属における教員の選好では，1人ひとりの学生に対する順位が明確に定められていましたが，学校選択制における優先順位は，例えば，先ほど例に挙げた在校生に兄・姉がいるかといった基準では，該当する生徒が複数存在しえます。つまり，優先順位には一般的に同順位が存在するということです。こうした同順位は，例えば，入学試験の点数によって解消することが可能です。この場合，生徒が学校全体で共通の試験を受けていれば，すべての学校におけるその生徒の優先順位は同一になります。これをシングル・タイブレークといいます。一方，学校ごとに異なる試験を課している場合，生徒の優先順位は学校ごとに異なることになります。この場合をマルチプル・タイブレークといいます。

さて，学校選択制マッチングにおいても研究室配属問題と同様に，実現するマッチングの望ましさを表すいくつかの評価基準があります。まずは，生徒にとって真の希望順位を表明することが支配戦略であるという耐戦略性です。また，効率性についても同様に定義されます。

しかし，安定性については，やや定義が異なります。まず，例えば，生徒 s_1 は学校 c_1 とマッチしているとします。しかし，生徒 s_1 にとっては学校 c_1 よりも学校 c_2 の方が希望順位が高いとします。また，優先順位では生徒 s_1 よりも順位が低い生徒 s_2 が学校 c_2 とマッチしているとすれば，生徒 s_1 は生徒 s_2 に対して**正当化された妬み**（justified envy）を持つといわれます。言い換えれば，生徒 s_1 と学校 c_2 はブロッキング・ペアになるということです。このような場合は当然，そのマッチングは安定ではありません。

また，生徒 s_1 は学校 c_1 とマッチしていますが，生徒 s_1 にとっては学校 c_1 よりも学校 c_2 の方が希望順位が高い場合において，学校 c_2 とマッチした生徒の中に生徒 s_1 が正当化された妬みを持つような者はいないものの，学校 c_2 の定員に空きがあるとします。こうした場合，生徒 s_1 はなぜ定員に空きがあるのに自分が学校 c_2 に入学できなかったのかと不満を抱くはずです。このような場合を**定員に無駄がある**（wasteful）といいます。

最後に，生徒 s_1 にとって，マッチングに参加する前に比べて，マッチする学校が決まった後の方が悪い状況になっている場合（例えば，その学校に行くくらいなら浪人した方がマシといった場合），そのマッチングは**個人合理性**を満たしておらず，生徒 s_1 は不満を持ちます。

したがって，どの生徒もこうした不満を持たないようなマッチング，すなわち，

- 正当化された妬みを持つ生徒がおらず，
- 定員に無駄がなく，
- 個人合理性を満たしているとき，

そのマッチングは安定なのです。

それで，研究室配属問題と同様に，学校選択問題においても受入保留方式はプロポーズする生徒側にとって耐戦略性を満たします。なお，プロポーズを受ける学校側は選択の余地がないので，そもそも耐戦略性を考える必要がありま

せん。

また，やはり研究室配属問題と同様に，学校選択問題においても受入保留方式は安定マッチングを生み出します。特に，プロポーズする生徒側にとって最適な**生徒最適安定マッチング**を生み出します。

結果 4.16　学校選択問題においても受入保留方式は耐戦略性を満たし，生徒最適安定マッチングを生み出す

なお，章末に掲載されている研究室配属問題のための受入保留方式のプログラム（プログラム 4.3）は，学生の選好を生徒の選好，研究室の選好を学校の優先順位と読み替えればそのまま使えます。

さて，研究室配属問題ではマッチングが安定ならば効率的でもあったのですが，学校選択問題では安定マッチングであっても効率的ではない場合があります。以下の**例 4.8** にその例を示します。マッチングを求めるためには，章末にある1対多マッチング用の受入保留方式のプログラム（プログラム 4.3）を使用することもできます。

■ 例 4.8　学校選択制における安定的だが効率的ではないマッチングの例

3人の生徒 s_1, s_2, s_3 がいて，それぞれ3つの学校 c_1, c_2, c_3 に対して次のような希望順位を持っているとします。

生徒 s_1：c_2 c_1 c_3
生徒 s_2：c_1 c_2 c_3
生徒 s_3：c_1 c_2 c_3

3つの学校の定員はそれぞれ1名ずつで，それぞれの学校の各生徒に対する優先順位は以下のとおりだとします。

学校 c_1：s_1 s_3 s_2
学校 c_2：s_2 s_1 s_3
学校 c_3：s_2 s_1 s_3

ここで，受入保留方式に従ってマッチングを決定すると，生徒側プロポーズの安定マッチングは以下の μ となります。

$$\mu = \begin{pmatrix} c_1 & c_2 & c_3 \\ s_1 & s_2 & s_3 \end{pmatrix}$$

しかし，このマッチング μ は次のマッチング ν にパレート支配されています。

$$\nu = \begin{pmatrix} c_1 & c_2 & c_3 \\ s_2 & s_1 & s_3 \end{pmatrix}$$

実際，生徒 s_3 は μ と ν とで同じ学校にマッチしますが，生徒 s_1 にとっては μ でマッチする c_1 よりも ν でマッチする c_2 の方が希望順位が高く，生徒 s_2 にとっては μ でマッチする c_2 よりも ν でマッチする c_1 の方が希望順位が高くなっています。

このように，学校選択問題では安定マッチングでも効率的ではない場合があります[10)]。

結果 4.17 学校選択問題では安定マッチングは効率的とは限らない

さて，学校選択問題において，受入保留方式は安定マッチングを生み出すことがわかりましたが，そのマッチングは効率的ではない場合がありました。

それでは，効率的なマッチングを生み出す方式はあるのでしょうか？ 次のトップ・トレーディング・サイクル（**TTC**：top trading cycle）方式がまさにそのようなマッチングを実現する方式になります。

TTC 方式では，生徒がその希望順位に従って希望する学校を「指差し」，次に学校側がその優先順位に従って受け入れ可能な生徒を指差していきます。このとき，生徒から学校，学校から生徒への指差しの連鎖をたどっていき，そこにサイクル，つまり，最初に指差した生徒に指差しの連鎖が戻っていく，ということが生じえます。その場合，そのサイクルに属する生徒はそれぞれその指差した学校にマッチさせます。これが TTC 方式の基本的な考え方です。

なお，生徒にとって受け入れ可能な学校がない場合には自分自身を指差すものとし，そのような場合もサイクル（自己サイクル）とみなします。なお，どのようなマッチング問題についても必ず 1 つはサイクルが存在します。

TTC 方式は，このように生徒と学校が互いに希望している順に指差しを行い，お互いに指差し合うサブ・グループ（提携）を特定化し，そのなかで生徒側の希望を優先したマッチングを求めていくという方式になっています。

この TTC 方式のアルゴリズムを以下に示します。

10） ただし，学校側の優先順位が（ほぼ）同一であるならば，生徒最適安定マッチングは効率的になります。

TTC 方式のアルゴリズム

ステップ 0　生徒は学校に対する希望順位を提出し，学校は定員を設定するとともに，生徒に対する優先順位を提出します。

ステップ 1　生徒は第 1 希望の学校を指差します。学校は，定員に空きがあるかぎり，優先順位の最も高い生徒を指差します。ここで，生徒から学校，学校から生徒への指差しの連鎖にサイクルが生じれば，そのサイクルに属する生徒はその指差した学校にマッチさせます。これらの生徒の配属はこれで確定となります。生徒がマッチした学校の空き定員をその人数分減らします。すべての生徒がいずれかの学校に配属されれば終了します。まだどの学校にも配属されていない生徒が存在すれば次のステップに進います。

ステップ 2　ステップ 1 の終了時にまだどの学校にも配属されていない生徒は，まだ定員に空きがある学校のうち最も希望順位の高い学校を指差します。学校は，定員に空きがあるかぎり，まだ配属が決まっていない生徒のうち優先順位の最も高い生徒を指差します。ここで，生徒から学校，学校から生徒への指差しの連鎖にサイクルが生じれば，そのサイクルに属する生徒はその指差した学校にマッチさせます。これらの生徒の配属はこれで確定となります。生徒がマッチした学校の空き定員をその人数分減らします。すべての生徒がいずれかの学校に配属されれば終了します。まだどの学校にも配属されていない生徒が存在すれば次のステップに進みます。

⋮

ステップ $\boldsymbol{k}$　ステップ $k-1$ 終了時にまだどの学校にも配属されていない生徒は，まだ定員に空きがある学校のうち最も希望順位の高い学校を指差します。学校は，定員に空きがあるかぎり，まだ配属が決まっていない生徒のうち優先順位の最も高い生徒を指差します。ここで，生徒から学校，学校から生徒への指差しの連鎖にサイクルが生じれば，そのサイクルに属する生徒はその指差した学校にマッチさせます。それらの生徒の配属はこれで確定。生徒がマッチした学校の空き定員をその人数分減らします。すべての生徒がいずれかの学校に配属されれば終了します。まだどの学校にも配属していない生徒が存在すれば次のステップに進みます。

では，実際に先ほどの**例 4.8** を用いて，TTC 方式を適用してマッチングを求めてみましょう。

例 4.9　TTC 方式の例

例 4.8 の環境のもとで TTC 方式でマッチングを求めてみます。

まず，生徒 s_1 は第 1 希望の学校 c_2 を，生徒 s_2 と s_3 は第 1 希望の学校 c_1 をそれぞれ指差します。学校 c_1 は優先順位が 1 位の生徒 s_1 を，学校 c_2 と c_3 は優先順位が 1 位の生徒 s_2 をそれぞれ指差します（図 4.2）。

このとき，生徒 s_1 から始めて

$$s_1 \rightarrow c_2 \rightarrow s_2 \rightarrow c_1 \rightarrow s_1$$

というサイクルが存在します。したがって，このサイクルに含まれる生徒 s_1 と s_2 はそれぞれが指差している学校 c_2, c_1 にそれぞれ配属されます。学校 c_1 と c_2 の定員はそれぞれ 1 名でしたから，これでこの 2 つの学校の定員は埋まりました。

残っている生徒 s_3 は，すでに学校 c_1 と c_2 には空き定員がありませんので，第 3 希望の学校 c_3 を指差し，学校 c_3 も生徒 s_1 と s_2 の配属はすでに決まっているので，優先順位が 3 位の生徒 s_3 を指差します（図 4.3）。

このとき，生徒 s_3 から始めて

$$s_3 \rightarrow c_3 \rightarrow s_3$$

というサイクルが存在します。したがって，このサイクルに含まれる生徒 s_3 は指差している学校 c_3 に配属されます。

これですべての生徒の配属が決まりました。まとめると，次のようなマッチング ν が決定されることになります。これは，**例 4.8** で生徒プロポーズ安定マッチング μ をパレート支配しているマッチング ν と同じものです。

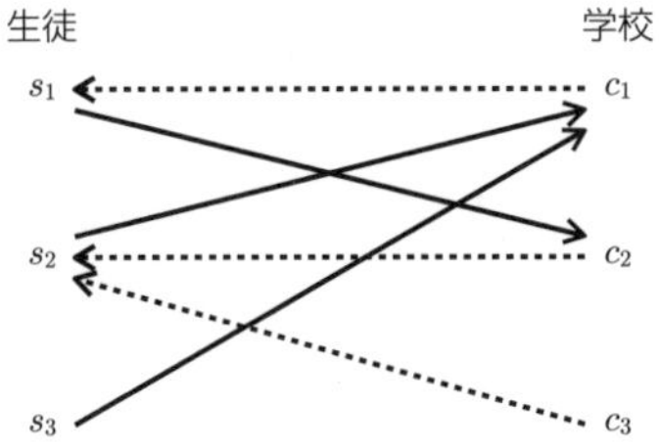

図 4.2　ステップ 1 での指差し状況

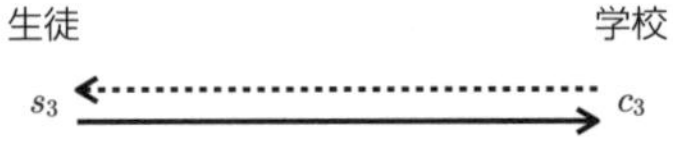

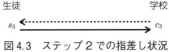

図 4.3　ステップ 2 での指差し状況

$$\nu = \begin{pmatrix} c_1 & c_2 & c_3 \\ s_2 & s_1 & s_3 \end{pmatrix}$$

このように，TTC方式は効率的なマッチングを生み出します。その理由を直観的に説明すると次のようになります。

まず，どの生徒も正直に希望順位が高い順に学校を指差していくものとします。すると，どの生徒も最初に希望順位が一番高い学校を指差します。このとき，その生徒がサイクルに含まれれば，第1希望の学校に配属されます。サイクルに入れなければ，そもそもその学校には配属されることはなかったわけです。そこで，次のステップでは第2希望，第3希望……の学校を指差していき，サイクルに入ることができれば，それがその生徒にとって配属される可能性があるなかで最も高い順位の学校ということになります。これがすべての生徒に当てはまるわけですから，TTC方式のもとで生み出されるマッチングは効率的になります。

また，受入保留方式と同じように，TTC方式のもとでは生徒は真の希望順位を表明することが支配戦略になります。つまり，TTC方式は**耐戦略性**を満たしています。

この証明は直観的には次のようになります。まず，ステップ1でどの生徒も希望順位が一番高い学校を指差します。このとき，その生徒がサイクルに含まれれば，第1希望の学校に配属されます。したがって，ここで真の希望順位に従って第1希望の学校を指差す代わりに，偽の希望順位に従って，例えば，第2希望の学校を指差せば，サイクルに含まれてその第2希望に学校に配属されるか，あるいはステップ1ではサイクルに入れず，もっと後のステップでしか指差した学校に入れません。もちろん，その場合に真の希望順位で見て第1希望の学校に配属されることもありますが，正直に真の希望順位に従って指差した場合と同じ結果かそれ以下の結果にしかなりません。したがって，TTC方式のもとでは真の希望順位を表明することが支配戦略になっています。

結果 4.18　TTC方式は効率的なマッチングを生み出す。また，耐戦略性を満たすしかし，TTC 方式で生み出されるマッチングは安定的とは限りません。学校側は定員に空きがあるかぎり指差してきた生徒とマッチすることになりますが，その生徒がその学校にとって受け入れ可能ではない可能性があります。その場合，個人合理性を満たすことができず，そのマッチングは安定ではなくなります。事実，マッチング ν では生徒 s_3 と学校 c_1 はブロッキングペアになっています（s_3 は c_3 より c_1 が好ましく，c_1 は s_2 より s_3 が好ましい）。

また，残念ながら，安定的で効率的なマッチングを選び出すと同時に耐戦略性を満たす方式は存在しないという不可能性定理が知られています。

結果 4.19　学校選択問題において，安定的で効率的なマッチングを選び出す耐戦略性を満たすメカニズムは存在しない

したがって，耐戦略性を満たす方式の中で，安定マッチングを生み出すならば受入保留方式，効率的なマッチングを生み出すなら TTC 方式を採用すればよい，ということになります。

付録　Python プログラム

＊1 対 1 マッチングにおける受入保留方式のプログラムは Web 付録に掲載しています。

プログラム 4.1　順位優先方式

以下のプログラムは，順位優先方式に従ってマッチングを決定するプログラムです。最初に女性と男性の数を設定します。

次に，女性と男性それぞれの希望順位を 2 次元リスト `w_pref` として入力します。ここでは，**例 4.1** の場合にしています。リストの上の行から順に女性 w_1, w_2, w_3 の希望順位となっています。例えば，1 行目の `[1,2,3]` は女性 w_1 にとって m_1 が 1 位，m_2 が 2 位，m_3 が 3 位という意味です。次に，確認のために，女性の希望順位を画面表示します。ここで，`print` 文では `format` 機能を使っています。これは `format` 文の中に書かれた変数の値を左から順に，`print` 文の' ' 内にある {0}, {1}, ⋯ に代入して表示するという意味です。なお，`print` 文では画面表示後，通常は改行しますが，`end=''` というオプションを付けると改行しないことになります。

次に，マッチング結果を求める処理の便宜上，この女性の希望順位を左から順

に男性 m_1, m_2, m_3 に対する順位になるように並べ替え，それを2次元リスト w_order に格納します。リストの上の行から順に女性 w_1, w_2, w_3 の希望順位となります。男性の希望順位についても同様の処理をします。

この後，順位和が2から順に該当するカップルが存在するかどうかをチェックしていきます。各順位和に該当するカップルについて，男女ともにまだ誰ともマッチしていなければマッチさせます。その都度，誰と誰がマッチして，順位和がいくらかを画面出力しています。最後に，マッチング結果をまとめて画面出力しています。

なお，プログラムの画面表示では本文の例に合わせて男女の番号を1, 2, 3, …… としていますが，Python では基本的に変数の値は0, 1, 2, …… と0から始まりますので，番号を表す変数である i, j に適宜1を足したり引いたりしていることに注意してください。

```
# Priority matching
print('順位優先方式によるマッチング')
print()

# 女性の数
W=3

# 男性の数
M=3

# 女性の選好
w_pref=[
        [1,2,3],
        [2,3,1],
        [3,1,2]
]
for i in range(W):
    print('女性',i+1,'の希望順位：',end='')
    for j in range(M):
        print(' m{0}'.format(w_pref[i][j]),end='')
    print()
print()
```

```
# 女性の希望順位を左からm1の順位, m2の順位, ……に変換する
w_order = [[0]*M for i in range(W)]
for i in range(W):
    for j in range(M):
        k = w_pref[i][j]
        w_order[i][k-1] = j+1

# 男性の選好
m_pref=[
    [2,3,1],
    [1,3,2],
    [3,2,1]
]
for i in range(M):
    print('男性',i+1,'の希望順位：',end='')
    for j in range(W):
        print(' w{0}'.format(m_pref[i][j]),end='')
    print()
print()

# 男性の希望順位を左からw1の順位, w2の順位, ……に変換する
m_order = [[0]*W for i in range(M)]
for i in range(M):
    for j in range(W):
        k = m_pref[i][j]
        m_order[i][k-1] = j+1

# マッチした相手を格納するリスト
w_matched=[0]*W
m_matched=[0]*M

# 女性優先で順位和の小さい順にマッチングを決める
for k in range(2,W+M):
    for i in range(W):
        for j in range(M):
            if w_order[i][j]+m_order[j][i]==k: # 順位和がkの男女の
            場合
```

```
                    if w_matched[i]==0 and m_matched[j]==0: # 男女とも
                    まだマッチしていないなら
                        w_matched[i]=j+1
                        m_matched[j]=i+1
                        print('w{0}とm{1}がマッチ：順位和{2}'.format(i
                        +1,j+1,k))
print()

# マッチング結果の印字
print('マッチング結果')
for i in range(W):
    if w_matched[i]==0:
        print('w{0}: '.format(i+1))
    else:
        print('w{0}: m{1}'.format(i+1,w_matched[i]))

for j in range(M):
    if m_matched[j]==0:
        print(' m{0}: '.format(j+1))
```

このプログラムを実行すると，以下のような結果が出力されます。**例 4.1** の結果と一致していることを確認してみてください。

```
順位優先方式によるマッチング

女性1の希望順位：m1 m2 m3
女性2の希望順位：m2 m3 m1
女性3の希望順位：m3 m1 m2

男性1の希望順位：w2 w3 w1
男性2の希望順位：w1 w3 w2
男性3の希望順位：w3 w2 w1

w3とm3がマッチ：順位和2
w1とm2がマッチ：順位和3
w2とm1がマッチ：順位和4
```

```
マッチング結果
w1: m1
w2: m2
w3: m3
```

プログラム 4.2　即時受入方式

以下のプログラムは，即時受入方式に従ってマッチングを決めるものです。最初に学生と研究室の数を設定します。

次に，学生と研究室の希望順位をそれぞれ 2 次元リスト s_pref, c_pref として入力します。ここでは，**例 4.6** の場合にしています。リストの上の行から順に学生 s_1, s_2, s_3, s_4 の希望順位となっています。次に，確認のために，学生と研究室の希望順位を画面表示します。

次に，マッチング結果を求める処理の便宜上，研究室の希望順位を左から順に学生 s_1, s_2, s_3, s_4 に対する順位になるように並べ替え，それを 2 次元リスト c_order に格納します。リストの上の行から順に研究室 c_1, c_2, c_3 の希望順位となります。各研究室の定員はリスト capacity に設定します。左から順に研究室 c_1, c_2, c_3 の定員となります。

この後，即時受入方式に従ってマッチングを決めていきます。while 文を使って，仮マッチした学生の数 num_match が S になるまで繰り返し処理をしています。なお，この num_match という変数は，学生がどこかの研究室とマッチするたびに 1 ずつ増え，また，希望順位にある研究室すべてにプロポーズしてしまった場合も 1 増えるようになっています。

マッチする研究室を決める際は，まだどの研究室ともマッチしていない学生は，その希望順位の上位の研究室でまだプロポーズしていない研究室にプロポーズし，その研究室の定員がまだ埋まっていなければ，① このステップでその研究室にプロポーズした学生が定員以内ならばその研究室とマッチし，② もしこのステップでその研究室にプロポーズした学生が定員を超えている場合，研究室側の希望順位で見て定員以内までの学生が受け入れられてその研究室とマッチし，③ それ以外の場合はマッチせず，このステップを終了します。学生と研究室それぞれの仮マッチ状況はリスト s_filled, c_filled に記録します。このリストの要素が 0 ならばまだマッチしておらず，1 ならばマッチしています。学生と研究室それぞれがマッチした相手はリスト s_matched, c_matched に格納されます。また，学生がすでに何位の研究室にまでプロポーズしていたかはリスト position に記録されます。プログラムではその都度，誰がどの研究室にプロポーズし，その結果がどうだったのかを順に画面出力しています。最後に，マッチング結果をまとめて画面出力しています。

```
# IA mechanism
print('即時受入方式によるマッチング')
print()

# 学生の数
S=4

# 研究室の数
C=3

# 学生の選好，左からc1の順位，c2の順位，……
s_pref=[
        [1,2,3],
        [1,2,3],
        [2,3,1],
        [3,1,2]
]
for i in range(S):
     print('学生',i+1,'の希望順位：',end='')
     for j in range(C):
          print(' s{0}'.format(s_pref[i][j]),end='')
     print()
print()

# 研究室の選好，左からs1の順位，s2の順位，……
c_pref=[
        [1,2,3,4],
        [2,3,4,1],
        [4,1,2,3]
]
for i in range(C):
     print('研究室',i+1,'の希望順位：',end='')
     for j in range(S):
          print(' c{0}'.format(c_pref[i][j]),end='')
```

```
    print()
print()

# 研究室の希望順位を左からs1の順位, s2の順位, ……に変換する
c_order = [[0]*S for i in range(C)]
for i in range(C):
    for j in range(S):
        k = c_pref[i][j]
        c_order[i][k-1] = j+1

# 研究室の定員
capacity=[1,1,2]

# マッチした相手
s_matched=[0]*(S+1)
c_matched=[[0]*(S+1) for i in range(C)]

# 即時受入方式でマッチングを決める

# 仮マッチしている学生の数
num_match = 0

# 学生にマッチした相手がいればそのときのステップ数>0, そうでなければ0
s_filled=[0]*(S+1)

# 研究室の定員が埋まっていれば1, そうでなければ0
c_filled=[0]*C

# 第何希望まですでにプロポーズしたか
position = [0]*(S+1)

# どのステップでアクセプトされたか
step = [0]*S

# ステップ数
t=1
while num_match < S:
```

```
print('ステップ {}'.format(t))
for i in range(S):
    # 学生がまだどこともマッチしていないなら
    if s_filled[i]==0:
        # 学生がプロポーズする相手
        j = s_pref[i][position[i]]-1
        print('s{0}がc{1}にプロポーズ'.format(i+1,j+1))
        # 研究室の定員に空きがある場合
        if c_filled[j]<capacity[j]:
            # iとjがマッチ
            c_matched[j][i]=1
            s_matched[i]=j
            print(' s{0}とc{1}が仮マッチ'.format(i+1,j+1))
            s_filled[i]=1
            step[i]=t
            c_filled[j]+=1
            num_match +=1
        # 研究室の定員がすでに埋まっている場合
        else:
            temp = -1
            # ダミープレーヤー
            rejected = S
            # リジェクトされる最低ランクの学生を探す
            for k in range(S):
                if c_matched[j][k]==1 and step[k]==t:
                if c_order[j][i] < c_order[j][k] and c_order[
                j][k]>temp:
                    # 前にリジェクトされた学生を戻す
                    s_filled[rejected]=1
                    position[rejected]-=1
                    c_matched[j][rejected]=1
                    s_matched[rejected]=j
                    step[rejected]=t
                    # 新たに学生kをリジェクトする
                    s_filled[k]=0
                    position[k]+=1
                    rejected=k
```

```
                    c_matched[j][k]=0
                    step[k]=0
                    temp = c_pref[j][k]
                    print(' c{0}がs{1}をリジェクト'.format(j
                    +1,k+1))

            # 学生iが研究室jに受け入れられたならば
            if temp != -1:
                c_matched[j][i]=1
                s_matched[i]=j
                print(' s{0}とc{1}が仮マッチ'.format(i+1,j
                +1))
                s_filled[i]=1
                step[i]=t
            else:
                print(' c{0}がs{1}をリジェクト'.format(j+1,i
                +1))
                position[i]+=1
                step[i]=0
                # すべての研究室にプロポーズしたらアンマッチ
                if position[i]==C:
                    s_matched[i]=-1
                    s_filled[i]=1
                    num_match +=1
        print()
    t+=1
    print()

# マッチング結果の印字
print('マッチング結果')
for i in range(S):
    if s_matched[i]==-1:
        print('s{0}:'.format(i+1))
    else:
        print('s{0}: c{1}'.format(i+1,s_matched[i]+1))

for j in range(C):
```

```
    if c_filled[j]==0:
        print(': c{0}'.format(j+1))
```

このプログラムを実行すると，以下のような結果が出力されます。**例 4.6** の結果と一致していることを確認してみてください。

```
即時受入方式によるマッチング

学生1の希望順位：s1 s2 s3
学生2の希望順位：s1 s2 s3
学生3の希望順位：s2 s3 s1
学生4の希望順位：s3 s1 s2

研究室1の希望順位：c1 c2 c3 c4
研究室2の希望順位：c2 c3 c4 c1
研究室3の希望順位：c4 c1 c2 c3

ステップ1
s1がc1にプロポーズ
 s1とc1が仮マッチ

s2がc1にプロポーズ
 c1がs2をリジェクト

s3がc2にプロポーズ
 s3とc2が仮マッチ

s4がc3にプロポーズ
 s4とc3が仮マッチ

ステップ2
s2がc2にプロポーズ
 c2がs2をリジェクト

ステップ3
s2がc3にプロポーズ
```

```
s2とc3が仮マッチ

マッチング結果
s1: c1
s2: c3
s3: c2
s4: c3
```

プログラム 4.3　受入保留方式（1 対多マッチング）

以下のプログラムは，受入保留方式に従ってマッチングを決めるものです。最初に学生と研究室の数を設定します。

次に，学生と研究室の希望順位をそれぞれ 2 次元リスト `s_pref`, `c_pref` として入力します。ここでも，**例 4.6** の場合にしています。リストの上の行から順に学生 s_1，s_2，s_3，s_4 の希望順位となっています。次に，確認のために，学生と研究室の希望順位を画面表示します。

次に，マッチング結果を求める処理の便宜上，研究室の希望順位を左から順に学生 s_1，s_2，s_3，s_4 に対する順位になるように並べ替え，それを 2 次元リスト `c_order` に格納します。リストの上の行から順に研究室 c_1，c_2，c_3 の希望順位となります。各研究室の定員はリスト `capacity` に設定します。左から順位に研究室 c_1, c_2, c_3 の定員となります。

この後，受入保留方式に従ってマッチングを決めていきます。`while` 文を使って，仮マッチした学生の数 `num_match` が `S` になるまで繰り返し処理をしています。なお，この `num_match` という変数は，学生がどこかの研究室とマッチするたびに 1 ずつ増え，また，希望順位にある研究室すべてにプロポーズしてしまった場合も 1 増えるようになっています。

マッチする研究室を決める際は，まだどの研究室とも仮マッチしていない学生は，その希望順位の上位の研究室でまだプロポーズしていない研究室にプロポーズし，その研究室の定員がまだ埋まっていなければ，① このステップでその研究室にプロポーズした学生が定員以内ならばその研究室と仮マッチし，② もしこのステップでその研究室にプロポーズした学生が定員を超えている場合，研究室側の希望順位で見て定員以内までの学生が受け入れられてその研究室と仮マッチし，③ それ以外の場合は仮マッチせず，このステップを終了します。学生と研究室それぞれの仮マッチ状況はリスト `s_filled`, `c_filled` に記録します。このリストの要素が 0 ならばまだ仮マッチしておらず，1 ならば仮マッチしています。学生と研究室それぞれが仮マッチした相手はリスト s_matched，c_matched に格納されます。また，学生がすでに何位の研究室にまでプロポーズしていたかはリスト position に記録されます。プログラムではその都度，誰がどの研究室にプロポーズし，その結果がどうだったのかを順に画面出力しています。最後に，マッチング結果をまとめて画面出力しています。

```
# DA mechanism
print('受入保留方式によるマッチング')
print()

# 学生の数
S=4

# 研究室の数
C=3

# 学生の選好，左からc1の順位，c2の順位，……
s_pref=[
        [1,2,3],
        [1,2,3],
        [2,3,1],
        [3,1,2]
]
for i in range(S):
     print('学生',i+1,'の希望順位：',end='')
     for j in range(C):
          print(' s{0}'.format(s_pref[i][j]),end='')
     print()
print()

# 研究室の選好，左からs1の順位，s2の順位，……
c_pref=[
        [1,2,3,4],
        [2,3,4,1],
        [4,1,2,3]
]
for i in range(C):
```

```
    print('研究室',i+1,'の希望順位：',end='')
    for j in range(S):
        print(' c{0}'.format(c_pref[i][j]),end='')
    print()
print()

# 研究室の希望順位を左からs1の順位，s2の順位，……に変換する
c_order = [[0]*S for i in range(C)]
for i in range(C):
    for j in range(S):
        k = c_pref[i][j]
        c_order[i][k-1] = j+1

# 研究室の定員
capacity=[1,1,2]

# マッチした相手
s_matched=[0]*(S+1)
c_matched=[[0]*(S+1) for i in range(C)]

# 受入保留方式でマッチングを決める

# 仮マッチしている学生の数
num_match = 0

# 学生に仮マッチした相手がいれば1，そうでなければ0
s_filled=[0]*(S+1)

# 研究室の定員が埋まっていれば1，そうでなければ0
c_filled=[0]*C

# 第何希望まですでにプロポーズしたか
position = [0]*(S+1)

# ステップ数
t=1
while num_match < S:
```

```
print('ステップ {}'.format(t))
for i in range(S):
    # 学生がまだどこともマッチしていないなら
    if s_filled[i]==0:
        # 学生がプロポーズする相手
        j = s_pref[i][position[i]]-1
        print('s{0}がc{1}にプロポーズ'.format(i+1,j+1))
        # 研究室の定員に空きがある場合
        if c_filled[j]<capacity[j]:
            # iとjがマッチ
            c_matched[j][i]=1
            s_matched[i]=j
            print(' s{0}とc{1}が仮マッチ'.format(i+1,j+1))
            s_filled[i]=1
            c_filled[j]+=1
            num_match +=1
        # 研究室の定員がすでに埋まっている場合
        else:
            temp = -1
            # ダミープレーヤー
            rejected = S
            for k in range(S):
                if c_matched[j][k]==1:
                    # 学生kがリジェクトされる候補になるなら
                    if c_order[j][i] < c_order[j][k] and
                    c_order[j][k]>temp:
                        # 前に仮リジェクトされた学生を戻す
                        s_filled[rejected]=1
                        position[rejected]-=1
                        c_matched[j][rejected]=1
                        s_matched[rejected]=j
                        # 新たに学生kを仮リジェクトする
                        s_filled[k]=0
                        position[k]+=1
                        rejected=k
                        c_matched[j][k]=0
                        temp = c_pref[j][k]
```

```
                        print(' c{0}がs{1}をリジェクト'.
                        format(j+1,k+1))

            # 学生iが研究室jに受け入れられたならば
            if temp > -1:
                c_matched[j][i]=1
                s_matched[i]=j
                print(' s{0}とc{1}が仮マッチ'.format(i+1,j+1))
                s_filled[i]=1
            else:
                print(' c{0}がs{1}をリジェクト'.format(j+1,i
                +1))
                position[i]+=1
                # すべての研究室にプロポーズしたらアンマッチ
                if position[i]==C:
                    s_matched[i]=-1
                    s_filled[i]=1
                    num_match +=1
            print()
        t+=1
        print()

# マッチング結果の印字
print('マッチング結果')
for i in range(S):
    if s_matched[i]==-1:
        print('s{0}:'.format(i+1))
    else:
        print('s{0}: c{1}'.format(i+1,s_matched[i]+1))

for j in range(C):
    if c_filled[j]==0:
        print(': c{0}'.format(j+1))
```

このプログラムを実行すると，以下のような結果が出力されます。**例 4.7** の結果と一致していることを確認してみてください。

```
受入保留方式によるマッチング

学生1の希望順位：s1 s2 s3
学生2の希望順位：s1 s2 s3
学生3の希望順位：s2 s3 s1
学生4の希望順位：s3 s1 s2

研究室1の希望順位：c1 c2 c3 c4
研究室2の希望順位：c2 c3 c4 c1
研究室3の希望順位：c4 c1 c2 c3

ステップ1
s1がc1にプロポーズ
 s1とc1が仮マッチ

s2がc1にプロポーズ
 c1がs2をリジェクト

s3がc2にプロポーズ
 s3とc2が仮マッチ

s4がc3にプロポーズ
 s4とc3が仮マッチ

ステップ2
s2がc2にプロポーズ
 c2がs3をリジェクト
 s2とc2が仮マッチ

s3がc3にプロポーズ
 s3とc3が仮マッチ

マッチング結果
s1: c1
s2: c2
s3: c3
s4: c3
```

おわりに

—学習を進めるための文献案内—

これまでの各章で，マーケット・デザインに関する基礎的な理論と，重要なメカニズムやアルゴリズムについて説明してきました。この「おわりに」では，特に各章で取り上げることができなかった話題について簡単に触れつつ，本書の読了後に読むのに有益な本や論文をご紹介します。

なお，マーケット・デザインについては，多くの日本人研究者が世界的に活躍していることもあって，日本語で読める文献もたくさんあります。そこで，ここでも日本語文献を中心に紹介していきます。外国語文献については最小限のものしか挙げておりませんので，それ以外のものについては日本語文献に引用されている参考文献を手掛かりに探してみてください。

1　第1章に関係する文献

第1章では，投票方式を主な題材としてマーケット・デザインの基礎理論について説明しました。それは，社会的選択理論やメカニズム・デザインといった研究領域の成果をベースとしたものです。

社会的選択理論における古典的文献は以下の2つです。特に，投票制度が民主的で一貫した結果を生み出すためには独裁的なものにならざるをえないというアローの不可能性定理を証明したアロー自身による (1) は，ぜひ一度手にしていただきたいものです。セン (2) は，アロー以後の成果をまとめたうえで，セン自身の発見である，個人的自由の尊重と民主的決定が矛盾するという「リベラル・パラドックス」などを紹介しています。また，この本は言葉による説明と数式による説明・証明が並行して述べられており，大変教育的な内容です。必読といえます。

(1)　ケネス・J. アロー（1977）『社会的選択と個人的評価』（長名寛明訳）日本経済新聞出版

(2)　アマルティア・セン（2000）『集合的選択と社会的厚生』（志田基与師監訳）勁草書房

そのほか，社会的選択理論に関する文献をだいたい易しい順に挙げると以下

の (3)〜(11) のようになります。川越 (3) の第 7 章には，最も簡単なバージョンによるアローの不可能性定理の証明が解説されています。佐伯 (6) やフェルドマン＝セラーノ (7) にはもう少し本格的なアローの不可能性定理の証明が記されています。鈴村 (9) は，わたし自身が学生時代によく勉強した本で，本書の第 1 章と第 2 章の土台にもなった本です（(10) は (9) の改訂新版です）。こちらにもアローの不可能性定理の証明が記されています。また，Mas-Collel ほか (11) の第 21 章には社会的選択理論の内容がコンパクトによく整理されており，アローの定理をはじめ重要な定理の証明が記されています。

(3)　川越敏司（2012）『はじめてのゲーム理論――2 つのキーワードで本質がわかる』講談社ブルーバックス
(4)　坂井豊貴（2015）『多数決を疑う――社会的選択理論とは何か』岩波新書
(5)　坂井豊貴（2016）『「決め方」の経済学――「みんなの意見のまとめ方」を科学する』ダイヤモンド社
(6)　佐伯胖（2018）『「きめ方」の論理――社会的決定理論への招待』ちくま学芸文庫
(7)　アラン・M. フェルドマン，ロベルト・セラーノ（2009）『厚生経済学と社会選択論』（飯島大邦ほか訳）シーエーピー出版
(8)　坂井豊貴（2013）『社会的選択理論への招待――投票と多数決の科学』日本評論社
(9)　鈴村興太郎（1982）『経済計画理論』（第二版経済学全集 14）筑摩書房
(10)　鈴村興太郎（2012）『社会的選択の理論・序説』東洋経済新報社
(11)　Mas-Collel, A., M. D. Whinston, and J. R. Green （1995）*Microeconomic Theory*, Oxford University Press.

表明原理（顕示原理）といったメカニズム・デザインの基礎理論については，先ほど，社会的選択理論の参考書として挙げた佐伯 (6) やフェルドマン＝セラーノ (7)，坂井 (8)，鈴村 (9) (10)，Mas-Collel ほか (11) の第 23 章に**ギバード＝サタースウェイトの定理**の証明も含めて解説があります。ほかに，メカニズム・デザイン研究者による以下の (12) や (13) のような専門的な本があります。

(12)　坂井豊貴・藤中裕二・若山琢磨（2008）『メカニズムデザイン――資源配分制度の設計とインセンティブ』ミネルヴァ書房

(13)　Corchon, L. C. (1996) *The Theory of Implementation of Socially Optimal Decisions in Economics*, St. Martin's Press.

また，最近ではゲーム理論や契約理論のテキストにも，メカニズム・デザインの基礎的事項についての記載があります。例えば，以下の (14)～(16) のような本です。

(14)　ロバート・ギボンズ (2020)『経済学のためのゲーム理論入門』(福岡正夫・須田伸一訳) 岩波書店

(15)　伊藤秀史 (2003)『契約の経済理論』有斐閣

(16)　ベルナール・サラニエ (2010)『契約の経済学』(細江守紀ほか訳) 勁草書房

コンドルセの陪審定理については，コンドルセのその他の業績も含めて，ジョン・メイナード・ケインズもその『確率論』執筆の際の参考書に挙げている以下の (17) のトドハンターの本に詳しく書かれています。坂井 (4) (5) (8) にも解説があります。

(17)　アイザック・トドハンター (2017)『新装版　確率論史――パスカルからラプラスの時代までの数学史の一断面』(安藤洋美訳) 現代数学社

また，コンドルセやボルダのようなアロー以前に社会的選択理論に貢献した人々の研究は，以下の (18) に英訳されてまとめられています。

(18)　Mclean, I. and A. B. Urken (1995) *Classics of Social Choice*, University of Michigan Press.

ボルダ方式や多数派判断方式における虚偽表明の例 (本書の**例 1.3** と**例 1.4**) は，筆者自身によるものです。特に，近年注目を集めている多数派判断方式は投票者の表明したグレードの中央値を基準に結果を決める点で，**中位投票者定理** (本書の**結果 2.3**) のアナロジーから虚偽表明に強いように見えますが，実はそうではないのです。多数派判断方式については，坂井 (5) も参考にしてください。

2　第2章に関係する文献

第2章では，**公共財供給をめぐるメカニズム・デザイン**について論じました。そこで重要な問題となる**ただ乗り問題**についての古典は以下の (19) です。

(19)　マンサー・オルソン (1996)『集合行為論――公共財と集団理論』(依

田博・森脇俊雅訳）ミネルヴァ書房

公共財自発的供給メカニズム（VCM）については，やや古くなっていますが，以下の (20) や (21) に実験研究を含めてよくまとめられています。

(20)　森徹（1996）『公共財供給メカニズムの有効性——実験経済学的アプローチ』多賀出版

(21)　Ledyard, J. O.（1995）"Public goods: a survey of experimental research." Kagel, J. H. and Roth, A. E. eds., *Handbook of Experimental Economics*, Princeton University Press, Chapter 2, 111-194.

リンダール・メカニズムやボーエン・メカニズム，ピボタル・メカニズムについては，公共経済学のテキストに解説があります。例えば，以下の (22) や (23) のような本です。また，ミュラー (22) や Mas-Collel ほか (11) の第 21 章には，単峰性の選好のもとで成立する**中位投票者定理**（本書の**結果 2.3**）の証明も記されています。

(22)　デニス・C. ミュラー（1993）『公共選択論』（加藤寛監訳）有斐閣

(23)　常木淳（2002）『公共経済学』新世社

ピボタル・メカニズムやグローブス・メカニズムについては，前掲の鈴村 (9) (10) やフェルドマン＝セラーノ (7)，坂井ほか (12)，Mas-Collel ほか (11) の第 23 章にも解説があります。なお，ピボタル・メカニズムが耐戦略的であることの簡単な証明（本書の Web 付録の補論 2.2）は以下の (24) によるものです。

(24)　Kawagoe, T. and T. Mori（2001）"Can the Pivotal Mechanism induce truth-telling? An experimental study." *Public Choice*, 108（3-4），331-354.

プレーヤーが支配戦略ではなくナッシュ均衡をプレーするという前提のもとでの公共財供給メカニズムのデザインについては，フェルドマン＝セラーノ (7) や Corchon (13) のほか，以下の (25) の第 3 章，(26) の第 7 章にも解説があります。

(25)　川越敏司（2007）『実験経済学』東京大学出版会

(26)　川越敏司（2020）『行動ゲーム理論入門　（第 2 版）』NTT 出版

公共財供給に関する耐戦略的なメカニズムの実験研究については，以下の (27) にサーベイされています。

(27)　Chen, Y.（2008）"Incentive-compatible mechanisms for pure public goods: a survey of experimental research." Plott, C. and Smith, V. eds., *Handbook of Experimental Economics Results*, North-Holland, Chapter 67, 625–643.

3 第3章に関係する文献

第3章のテーマであるオークションについては，以下にだいたい易しい順にテキストを挙げてみました。なお，クリシュナ (35) は原著 (38) の抄訳（単一財オークションの部分のみ）です。2020年にオークション理論への貢献でノーベル経済学賞を受賞したミルグロムの書いた (36) は上級者向けの本です。オークション理論で重要な収益同値定理（本書の**結果 3.2**）の証明は，川越 (29)，クリシュナ (35) (38) などに記されていますが，川越 (29) や本書がもとにしたのは (37) です。

(28) ティモシー・P. ハバード，ハリー・J. パーシュ（2017）『入門オークション——市場をデザインする経済学』（安藤洋祐監訳）NTT 出版

(29) 川越敏司（2015）『マーケット・デザイン——オークションとマッチングの経済学』講談社選書メチエ

(30) ジョン・マクミラン（1995）『経営戦略のゲーム理論——交渉・契約・入札の戦略分析』（伊藤秀史・林田修訳）有斐閣

(31) 横尾真（2006）『オークション理論の基礎——ゲーム理論と情報科学の先端領域』東京電機大学出版局

(32) ケン・スティグリッツ（2008）『オークションの人間行動学——最新理論からネットオークション必勝法まで』（川越敏司ほか訳）日経 BP 社

(33) 坂井豊貴（2010）『マーケットデザイン入門——オークションとマッチングの経済学』ミネルヴァ書房

(34) ギオーム・ハーリンジャー（2020）『マーケットデザイン——オークションとマッチングの理論・実践』（栗野盛光訳）中央経済社

(35) V. クリシュナ（2018）『オークション理論——単一財競売メカニズムの数学的解明』（山本哲三訳）中央経済社

(36) ポール・ミルグロム（2007）『オークション理論とデザイン』（川又邦雄ほか訳）東洋経済新報社

(37) Klemperer, P.（2004）*Auctions: Theory and Practice*, Princeton

University Press.

(38)　Krishna, V. (2009) *Auction Theory*, 2nd ed., Academic Press.

ほかに，ギボンズ (14) などのゲーム理論の教科書にもオークションを論じたセクションがあります。ノーベル経済学賞受賞者で，最適オークション方式の設計などの重要な業績があるマイヤーソンによる (39) は，メカニズム・デザインの基礎から契約設計，オークションまで幅広い応用例が記されているゲーム理論の教科書です。

(39)　Myerson, R. B. (1991) *Game Theory: Analysis of Conflict*, Harvard University Press.

ヤフオク！のようなネットオークションにおけるさまざまなルールやそこでの入札行動を分析した本には，スティグリッツ (32) のほか，以下の (40) のようなものがあります。

(40)　土橋俊寛 (2018)『ヤフオク！の経済学——オンラインオークションとは』日本評論社

現実的な応用が多いものの理論的に難しい複数財のオークションについては，(29) (31) (34) (36) (38) などを参照してください。グーグルの広告オークションについては，(29) (34) を，周波数オークションについては (29) (34) (38) のほかに，以下の (41) があります。(42) では実験研究とも関連付けて論じられています。

(41)　ジョン・マクミラン (2007)『市場を創る——バザールからネット取引まで』(瀧澤弘和・木村友二訳) NTT 出版

(42)　フランチェスコ・グァラ (2013)『科学哲学から見た実験経済学』(川越敏司訳) 日本経済評論社

オークション理論の実験室実験による検証については，やや古いものですが，以下の (43) がサーベイ論文です。川越 (29) にはもっと新しい成果がまとめられています。

(43)　Kagel, J. H. (1995) "Auctions: a survey of experimental research." Kagel, J. H. and Roth, A. E. eds., *Handbook of Experimental Economics*, Princeton University Press, Chapter 7, 501-586.

4 第4章に関係する文献

第4章ではマッチング理論の基礎を扱いました。これについては，川越(29)，坂井(33)，ハーリンジャー(34)にそれぞれ該当の章があるほか，以下の(44)〜(50)のような本があります。特に，2012年にマッチング理論に関する貢献でノーベル経済学賞を受賞したロスによる(44)と(50)の本は必読です。(45)(46)は入門書ですが，(49)には離散凸解析という数学理論からマッチング理論に新しい光を当てた先駆的な業績が記されています。(47)は学校選択制に特化した本ですが，理論と実験，それに日本での取り組みについてバランスよく記述されています。本書の第4章の最後に触れたトップ・トレーディング・サイクル（TTC）方式の重要な応用例である臓器移植マッチングについては，(33)(34)(45)(46)などを参照してください。

(44) アルビン・E・ロス（2018）『Who Gets What——マッチメイキングとマーケットデザインの新しい経済学』（櫻井祐子訳）日経ビジネス人文庫

(45) 坂井豊貴（2013）『マーケットデザイン——最先端の実用的な経済学』ちくま新書

(46) 栗野盛光（2019）『ゲーム理論とマッチング』日経文庫

(47) 安田洋祐編著（2010）『学校選択制のデザイン——ゲーム理論アプローチ』NTT出版

(48) 宮崎修一（2018）『安定マッチングの数理とアルゴリズム——トラブルのない配属を求めて』現代数学社

(49) 田村明久（2009）『離散凸解析とゲーム理論』朝倉書店

(50) Roth, A. E. and M. A. O. Sotomayor（1990）*Two-Sided Matching: A Study in Game-Theoretic Modeling and Analysis*, Cambridge University Press.

日本でも行われているマッチング理論の大規模な実践では，医学部を卒業した研修医がインターン先の病院への配属を決定する**研修医マッチング**があります。研修医マッチングについては，川越(29)やハーリンジャー(34)に解説があります。

この研修医マッチングでは，結婚したカップルの研修医が同じ地域の病院を希望するような場合に難しい問題が発生します。それは，夫の病院に対する選好は，妻が同じ地域に配属されるかどうかによって変わってしまうからです。こうしたカップルが存在する場合には，一般に受入保留方式では（に限らず）安定的なマッチングを生み出すことができませんが，研修医と病院の数が十分に大きければ，受入保留方式を修正することで安定的なマッチングを生み出す確率は100% に近づいていくことが，以下の (51) に示されています。

(51)　Kojima, F., P. A. Pathak, and A. E. Roth (2013) "Matching with couples: stability and incentives in large markets." *Quarterly Journal of Economics* 128 (4), 1585–1632.

マッチング理論で重要な結果の１つに**僻地病院定理**（本書の**結果 4.15**）があります。これは，ある安定マッチングで誰も配属されない病院には，他のどの安定マッチングにおいても誰も配属されないというものでした。日本の研修医マッチングでは受入保留方式を採用しているのですが，首都圏にある病院に希望者が殺到してしまい，地方の病院に人が集まらないといった事態が生じました。これはまさに僻地病院定理の示すとおりの結果です。そこで，各病院に定員が設定されるだけでなく，地域ごとに配属される研修医の数を制限する地域上限制約というものが設けられました。しかし，この制約があると安定マッチングが生み出されなくなってしまうことを指摘し，その改善策を提示したのが以下の (52) です。

(52)　鎌田雄一郎・小島武仁 (2021)「制約付きマッチングの理論の総説と日本における研修医マッチングへの応用」内閣府経済社会総合研究所『経済分析』第 203 号，157–183.

このように，受入保留方式を現実の研修医マッチングに利用するにあたっては，さまざまな現実世界の制約条件（カップルの存在，医師の地域偏在の解消など）に直面せざるをえず，そのたびに改良を加えることが必要になっています。このような場合を**制約付きマッチング** (constrained matching) **問題**といいます。こうした制約付きマッチング問題の例はほかにもあります。その１つが**保育所マッチング問題**です。

首都圏を中心に，親が子どもを保育所に入所させたいが，保育所の定員の関係で入所できないという**待機児童問題**が，日本では大きな問題になっています。現状の日本の制度では，子どもが入所する４月時点での年齢（0〜5 歳）ごとに保育所の定員が決まっています。具体的には，保育士１名につき保育可能な子どもの数が，0〜5 歳の子どもについてそれぞれ**表 1** のように国によっ

表 1　保育可能な子どもの数

子どもの年齢	0 歳	1 歳	2 歳	3 歳	4 歳	5 歳
保育士 1 名当たり保育可能人数	3 名	6 名	6 名	20 名	30 名	30 名

て定められています。

この基準に従って，保育所における保育士の各年齢グループへの配分によって定員が事前に決められているのです。そのため，例えば，0 歳児クラスには応募者が殺到して入所できない子どもたちがいるが，3 歳児クラスには定員に空きが生じるといった「無駄」が発生する可能性があります。この場合もまた，制約付きマッチングの例になっています。

以下の (53) では，こうした保育所マッチング問題を含む一般的な制約付きマッチング問題を考察し，待機児童問題を緩和するマッチング方式を提案しています。そのうえで，2018 年の山形市と文京区のデータを用いて，現行制度よりも提案された方式の方が待機児童の数が少なくなるという結果を得ています。

(53)　鎌田雄一郎・小島武仁 (2021)「待機児童問題――マッチング理論によるアプローチ」内閣府経済社会総合研究所『経済分析』第 203 号，10-27

アファーマティブ・アクション（AA：積極的差別是正処置，ポジティブ・アクションとも呼ばれる）もまた，制約付きマッチング問題の 1 つとして扱うことができます。AA は，人種や性別，障害等で不利益を被っている主体に何らかの優遇処置を与え，すべての人に機会の平等をもたらすことを目指しています。AA は政府機関や教育機関においてしばしば採用されていて，マイノリティ・グループの待遇改善に貢献しています。しかしながら，AA の是非については多くの論争があり，AA に反対する陣営からは，AA は効果的ではないばかりか，逆差別といった望ましくない副作用をもたらすものだといわれています。以下の (54) では，学校選択制の文脈のもとで，マジョリティの入学定員に上限を課す方式とマイノリティの入学希望者がいる場合にのみ特別に入学枠を設定する方式を比較しています。理論上は後者の方が柔軟性が高く，マッチング方式としての性能が良いはずですが，彼らの実験研究では，前者の方が安定マッチングを生じやすいことが示されています。

（54）　Kawagoe, T., T. Matsubae, and T. Takizawa（2018）"The skipping-down strategy and stability in school choice problems with affirmative action: theory and experiment." *Games and Economic Behavior*, 109, 212-239.

ほかに，本書でも例として取り上げた研究室配属において，各研究室に配属される学生数が 0 にならないようにするために，あらかじめ必ず一定以上の人数が配属されるように**最低定員**を設定する場合がありますが，これも制約付きマッチング問題の 1 つです。最低定員を設定することで，それがなければ誰も配属されなかったはずの研究室に学生が配属されることになりますが，僻地病院定理からそのようなマッチングは安定ではないことになります。そこで，以下の (55) では，安定性について定義のうちの 1 つ（例えば，無駄がない）をあきらめて，その弱い意味での安定性を満足するようなマッチング方式が提案されています。

（55）　Fragiadakis, D., A. Iwasaki, P. Troyan, S. Ueda, and M. Yokoo（2015）"Strategy-proof matching with minimum quotas." *ACM Transactions on Economics and Computation*, 4（1）, 1-40.

マッチング理論に関する実験室実験の成果については，川越 (29) のほか，以下の (56) にサーベイされています。

（56）　Hakimov, R. and D. Kübler（2021）"Experiments on centralized school choice and college admissions: a survey." *Experimental Economics*, 24（2）, 434-488.

5　理論から実践へ——実験経済学に関係する文献

最後に，本書ではほとんど触れなかった実験について述べます。マーケット・デザインの研究は理論的に性能の良いメカニズムやアルゴリズムを設計するだけでは終わらないものです。「はじめに」でも述べたように，現実世界は摩擦のない真空状態のような理想的環境ではなく，歴史的・社会的・文化的な文脈のもとに，必ずしも利己的ではなく，また合理的ではない主体による意思決定が行われる世界です。そのような状況下で，理論的に設計されたメカニズムやアルゴリズムがどこまでその本来の性能を発揮できるのかを確かめるのが，実験室やフィールドで実施される実験です。

経済理論を実験室内やフィールドで検証する分野を**実験経済学**といいますが，2012年にマッチング理論に対する功績でノーベル経済学賞を授与されたアルヴィン・ロスは，実験経済学でも重要な業績を上げており，その中にはマーケット・デザインに関わるものも数多くあります。このように，ロスは，マーケット・デザインの研究は理論だけで終わるものではないということを自らの実践によって示しているのです。

欧米では，マーケット・デザインの研究を進めるにあたって，理論を現実社会に適用する前に実験は不可欠のものと考えられています。例えば，以下の(57)では，ドイツの大使館におけるビザ発給審査の予約システムについて，従来の先着順方式に比べて，一定の応募期間の後にくじ引きで抽選を行う方が効率的で満足度も高いことを，理論的に検討するだけでなく，実験によっても検証しています。この研究成果に基づき著者の1人である栗野盛光は，**COVID-19**ワクチン接種の予約システムについても一括予約制度が望ましいという政策提言を，大竹文雄，小島武仁，野田俊也らと行っています。

(57)　Hakimov, R., C.-P. Heller, D. Kubler, and M. Kurino (2021) "How to avoid black markets for appointments with online booking systems." *American Economic Review*, 111 (7), 2127-2151.

また，筆者自身もこれまで実験経済学の研究を通じた政策提言を行っています。その一例ですが，当時，公正取引委員会委員であった柴田愛子らと，カルテルや談合の防止策として欧米で導入が進んでいたリニエンシー(課徴金減免)制度について理論的な検討のうえで，実験室実験による検証を行ったのが以下の(58)です。リニエンシー制度はその後，日本の独占禁止政策に取り入れられ，その有効性を示しています。

(58)　Hamaguchi, Y., T. Kawagoe, and A. Shibata (2009) "Group size effects on cartel formation and the enforcement power of leniency programs." *International Journal of Industrial Organization*, 27 (2), 145-165.

実験経済学に関する方法論から主要な理論については川越(25)に整理されており，この分野の研究をするに当たって必読の文献です。また，その後の行動ゲーム理論の発展については川越(26)に記されています。(59)は実験経済学草創期に活躍した著者による市場実験の解説書です。また，豊富な例とともに実際に実験を体験するためのマニュアルとしては以下の(60)～(65)があります。モファット (66) はこうした実験データを統計解析する手法を網羅したテキストで，実験例も豊富です。また，グァラ (42) は科学哲学の立場から実験経済学の方法論を検討した本で，こちらも周波数オークションをはじめ数多くの実験が紹介されています。(67)～(69) は実験経済学についてのサーベイ論文集で，マーケット・デザインやメカニズム・デザインに関係した章がありますので，参考にしてください。

(59)　ロス・M. ミラー（2006）『実験経済学入門——完璧な金融市場への挑戦』（川越敏司・望月衛訳）日経 BP 社

(60)　小川一仁・川越敏司・佐々木俊一郎（2012）『実験ミクロ経済学』東洋経済新報社

(61)　川越敏司・小川一仁・佐々木俊一郎（2014）『実験マクロ経済学』東洋経済新報社

(62)　和田良子（2020）『実験経済学・行動経済学 15 講』新世社

(63)　西野成昭・花木伸行（2021）『マルチエージェントのための行動科学——実験経済学からのアプローチ』コロナ社

(64)　Bergstrom, T. and J. Miller（2002）*Experiments with Economic Principles: Microeconomics*, 2nd ed., McGraw-Hill Publishing.

(65)　Holt, C. A.（2006）*Markets, Games, and Strategic Behavior*, Addison Wesley.

(66)　ピーター・G. モファット（2018）『経済学のための実験統計学』（川越敏司監訳）勁草書房

(67)　Kagel, J. H. and A. E. Roth eds.（1995）*Handbook of Experimental Economics*, Princeton University Press.

(68)　Kagel, J. H. and A. E. Roth eds.（2016）*Handbook of Experimental Economics*, Volume 2, Princeton University Press.

(69)　Plott, C. and V. Smith eds.（2008）*Handbook of Experimental Economics Results*, North-Holland.

フィールドでの実験（ランダム化比較試験：RCT）の方法論と，そこで得られたデータから因果関係を統計的に推測する**因果推論**については，近年多くの本が出ているので，(70)～(74) までに比較的易しい本をいくつか挙げておきました。(75) や (76) は開発経済学の分野における途上国の経済発展政策をフィールド実験で検証したもので，(77) は日本で実施された大規模な電力市場に関わるフィールド実験について記しています。

(70) 伊藤公一朗（2017）『データ分析の力――因果関係に迫る思考法』光文社新書

(71) 中室牧子・津川友介（2017）『「原因と結果」の経済学――データから真実を見抜く思考法』ダイヤモンド社

(72) アンドリュー・リー（2020）『RCT 大全――ランダム化比較試験は世界をどう変えたのか』（上原裕美子訳）みすず書房

(73) エステル・デュフロ，レイチェル・グレナスター，マイケル・クレーマー（2019）『政策評価のための因果関係の見つけ方――ランダム化比較試験入門』（小林庸平監訳）日本評論社

(74) 安井翔太・株式会社ホクソエム（2020）『効果検証入門――正しい比較のための因果推論/計量経済学の基礎』技術評論社

(75) アビジット・V. バナジー，エステル・デュフロ（2012）『貧乏人の経済学――もういちど貧困問題を根っこから考える』（山形浩生訳）みすず書房

(76) ディーン・カーラン，ジェイコブ・アペル（2013）『善意で貧困はなくせるのか？――貧乏人の行動経済学』（清川幸美訳）みすず書房

(77) 依田高典・田中誠・伊藤公一朗（2017）『スマートグリッド・エコノミクス――フィールド実験・行動経済学・ビッグデータが拓くエビデンス政策』有斐閣

あとがき

近年，グーグルやアマゾン，マイクロソフトといった大手IT企業では，経済学博士号を持った専門研究者をリサーチ部門に雇い入れ，その研究成果を重要な意思決定に生かしています。また，日本ではAuction LabやEconomics Design Inc.といった，経済学者が設立・指導に関わっているコンサルティング会社が「経済学の社会実装」という言葉で，その知見をビジネスに生かす手助けをしています。

こうしたビジネスの世界で最も注目されているのが，本書のテーマであるマーケット・デザインです。これまで現場の従業員の勘や経験に依存してきたビジネス上の意思決定を，データサイエンスや機械学習の力も借りながら科学的に再検討するだけでなく，取引方式や価格設定方式などシステム面についても科学的に見直そうという機運がビジネス界では高まってきています。こうした取引システムの善し悪しを検討する際に，マーケット・デザインの研究が欠かせないのです。

こうしたマーケット・デザインの研究の中でも，特にマッチング理論は身近な応用例が豊富にあります。「おわりに」でも書いたとおり，多くの自治体が保育所入園にまつわる待機児童問題に直面していますが，この問題はマッチング理論の応用によりかなり軽減可能です。

また，大学における研究室配属については，これまでは即時受入（IA）方式で行ってきた大学も多いと思いますが，それよりも受入保留（DA）方式の方がいろいろな面で望ましいことがわかっています。

筆者の所属する大学でも6年前から研究室配属をDA方式によって行っていますが，マッチング理論に関する知識や理解のある人が周囲にいないと，たとえDA方式がより良いマッチング方式だとわかっていても，なかなか導入は難しいものです。さらに，こうしたマッチング問題に関わる人々の数が多くなると，コンピュータのプログラムがないと実際には実行不可能ということにもなるでしょう。

マーケット・デザインについては，これまでもたくさん良質のテキストが書かれてきましたが，本書では，① 言葉による説明，② 理論的な解説，③ 具体的な数値例に加えて，④ Pythonによるプログラムを提供することにより，マーケット・デザインを実践してみたいと思っていても周囲に相談できる専門家がおらず，さりとてコンサルティング会社に依頼するほどの資金もない，といった現場のニーズに応えることを目指しました。本書に掲載したプログラムを（適宜改良のうえで）使用すれば，すぐにでもマーケット・デザインを実践できる「レディ・メイド」なマニュアルを目指しました。

もちろん，本書に記載している内容は，マーケット・デザインのごく基礎的な内容ばかりですので，読者の皆さんの所属する大学や企業，組織に存在する特殊な事情や制約条件を考慮してマーケット・デザインを実践したいという「オーダー・メイド」の要求については，やはり専門家によるコンサルティングが必要になるでしょう。

それでも，本書に書かれているような内容を把握したうえで相談した方が，より実りのある成果が得られるに違いありません。その際にはぜひ本書を活用していただければと思います。

本書の企画は当初，有斐閣の尾崎大輔氏と進めていたのですが，尾崎氏が有斐閣を退社されたため，その後，渡部一樹氏に引き継いでいただくことになりました。諸般の事情で本書の企画内容も二転三転し，原稿も予定より大幅に遅れましたが，こうして本書が形になったのも，渡部氏が辛抱強く見守ってくださり，また最初の読者として原稿に対し的確なコメントをしてくださったおかげです。ここに感謝いたします。

2021 年 8 月 25 日

川越 敏司

Soli Deo Gloria

参考文献

Ausubel, L. M., and P. Milgrom (2002) "Ascending auctions with package bidding." *Frontiers of Theoretical Economics* 1 (1), 1-42.

Balinski, M. and R. Laraki (2007) "A theory of measuring, electing, and ranking." Proceedings of the National Academy of Sciences of The USA, 104 (21), 8720-8725.

Bergstrom, T., C. P. Simon, and C. J. Titus (1983) "Counting Groves-Ledyard equilibria via degree theory." *Journal of Mathematical Economics* 12 (2), 167-184.

Black, D. (1948) "On the rationale of group decision-making." *Journal of Political Economy* 56, 23-34.

Black, D. (1958) *The Theory of Committees and Elections.* Cambridge University Press.

Clarke, E. H. (1971) "Multipart pricing of public goods." *Public Choice* 8, 19-33.

Edelman, B., M. Ostrovsky, and M. Schwarz (2007) "Internet advertising and the generalized second-price auction: selling billions of dollars worth of keywords." *American Economic Review* 97 (1), 242-259.

Fukuda, E., Y. Kamijo, A. Takeuchi, M. Masui, and Y. Funaki (2013) "Theoretical and experimental investigations of the performance of keyword auction mechanisms." *The RAND Journal of Economics* 44 (3), 438-461.

Gale, D. and L. Shapley (1962) "College admissions and the stability of marriage." *American Mathematical Monthly* 69 (1), 9-15.

Gibbard, A. (1973) "Manipulation of voting schemes: a general result." *Econometrica*, 41 (4), 587-601.

Green, J. and J.-J. Laffont (1977) "Characterization of satisfactory mechanisms for the revelation of preferences for public goods." *Econometrica* 45 (2), 427-438.

Groves, T. and J. Ledyard (1977) "Optimal allocation of public goods: a solution to the 'free rider problem'." *Econometrica* 45 (4), 783-809.

Groves, T. and M. Loeb (1975) "Incentives and public inputs." *Journal of Public Economics* 4 (3), 221-226.

Klemperer, P. (2004) *Auctions: Theory and Practice.* Princeton University Press.

Laffont, J.-J. and E. Maskin (1980) "A differential approach to dominant strategy mechanisms." *Econometrica* 48 (6), 1507-1520.

Lucking-Reiley, D. (2000) "Vickrey auctions in practice: from nineteenth-century philately to twenty-first-century e-commerce." *Journal of Economic Perspectives* 14, 183-192.

Milgrom, P. (1989) "Auctions and bidding: a primer." *Journal of Economic Perspectives* 3 (3), 3-22.

Milgrom, P. (2007) "Package auctions and exchanges." *Econometrica* 75 (4), 935-965.

Mount, K. and S. Reiter (1974) "The information size of message spaces." *Journal of Economic Theory* 8 (2), 161-192.

Muench, T. and M. Walker (1983) "Are Groves-Ledyard equilibria attainable?" *Review of Economic Studies* 50 (2), 393-396.

Roth, A. E. and E. Peranson (1999) "The redesign of the matching market for American physicians: some engineering aspects of economic design." *American Economic Review* 89 (4), 748-780.

Roth, A. E. and M. A. O. Sotomayor (1990) *Two-Sided Matching: A Study in Game-Theoretic Modeling and Analysis.* Cambridge University Press.

Sattherthwiate, M. A. (1975) "Strategy-proofness and Arrow's conditions: existence and correspondence theorems for voting procedures and social welfare functions." *Journal of Economic Theory*, 10 (2), 187-217.

Tideman, T. N. and G. Tullock (1976) "A new and superior process for making social choices." *Journal of Political Economy* 84 (6), 1145-1159.

Varian, H. (2007) "Position auctions." *International Journal of Industrial Organization* 25 (6), 1163-1178.

Vickrey, W. (1961) "Counterspeculation, auctions, and competitive sealed tenders." *Journal of Finance* 16 (1), 8-37.

Walker, M. (1981) "A simple incentive compatible scheme for attaining Lindhal allocations." *Econometrica* 49 (1), 65-71.

石川忠久（1997）『詩経（上）』新釈漢文大系，第 110 巻，明治書院

グラネ，マルセル（1989）『中国古代の祭礼と歌謡』（内田智雄訳），東洋文庫（平凡社）

スティグリッツ，ケン（2008）『オークションの人間行動学――最新理論からネットオークション必勝法まで』（川越敏司・小川一仁・佐々木俊一郎訳）日経 BP 社

ハイエク，フリードリヒ・フォン（2008）『個人主義と経済秩序（ハイエク全集 I-3）』（嘉治元郎・嘉治佐代訳）春秋社

ヘロドトス（1971）『歴史（上）』（松平千秋訳）岩波文庫

横尾真（2006）『オークション理論の基礎――ゲーム理論と情報科学の先端領域』東京電機大学出版会

吉川幸次郎（1996）『論語（下）』朝日選書

ルソー，ジャン＝ジャック（1954）『社会契約論』（桑原武夫・前川貞次郎訳）岩波文庫

索　引

事　項

● さ　行

● た　行

人　名

● **著者紹介**
川越 敏司（かわごえ　としじ）
公立はこだて未来大学システム情報科学部複雑系知能学科教授
1993年，福島大学経済学部卒業。1995年，大阪市立大学大学院経済学研究科前期博士課程修了。博士（経済学）。埼玉大学経済学部社会環境設計学科助手等を経て，2013年より現職。
専門分野は，ゲーム理論・実験経済学。
主な著作に，『実験経済学』（東京大学出版会，2007年），『はじめてのゲーム理論』（講談社ブルーバックス，2012年），『現代経済学のエッセンス』（河出書房新社，2013年），『マーケット・デザイン』（講談社選書メチエ，2015年），『行動ゲーム理論入門（第2版）』（NTT出版，2020年），『「意思決定」の科学』（講談社ブルーバックス，2020年）などがある。

基礎から学ぶマーケット・デザイン
The Basics of Market Design

2021年12月20日　初版第1刷発行

著　者　川　越　敏　司

発行者　江　草　貞　治

発行所　株式会社　有　斐　閣
郵便番号 101-0051
東京都千代田区神田神保町 2-17
http://www.yuhikaku.co.jp/

印刷・大日本法令印刷株式会社／製本・牧製本印刷株式会社

ISBN978-4-641-16593-9